父母会沟通，孩子更合作

点醒孩子内心的沟通术

马建国 / 著

中国妇女出版社

图书在版编目（CIP）数据

父母会沟通，孩子更合作 ：点醒孩子内心的沟通术 / 马建国著 . -- 北京 ：中国妇女出版社，2021.5（2025.9 重印）
ISBN 978-7-5127-1942-2

Ⅰ.①父… Ⅱ. ①马… Ⅲ. ①家庭教育 Ⅳ. ①G78

中国版本图书馆 CIP 数据核字 (2020) 第 271273 号

父母会沟通，孩子更合作——点醒孩子内心的沟通术

作　　者：马建国
责任编辑：赵　曼
封面设计：尚世视觉
责任印制：李志国
出版发行：中国妇女出版社
地　　址：北京市东城区史家胡同甲24号　　邮政编码：100010
电　　话：（010）65133160（发行部）　　65133161（邮购）
网　　址：www.womenbooks.cn
法律顾问：北京市道可特律师事务所
经　　销：各地新华书店
印　　刷：小森印刷（北京）有限公司
开　　本：165×235　1/16
印　　张：18
字　　数：280千字
版　　次：2021年5月第1版
印　　次：2025年9月第3次
书　　号：ISBN 978-7-5127-1942-2
定　　价：59.80元

每个孩子都喜欢被点醒

家长的状态直接影响孩子的心理健康。

家长的状态有两种：低能量和高能量。

低能量：固态，像冰一样，僵硬的，执着的，不变的，挑剔的，阻抗的，控制的。

高能量：液态，像水一样，温柔的，流动的，灵活的，接纳的，包容的，允许的。

低能量的家长喜欢执着于自己的观点，把自己的想法强加在孩子身上，试图控制孩子。结果是亲子关系紧张，孩子往往出现逆反、厌学、网瘾等各种心理行为问题。

很多低能量状态的家长都认为自己的观点是对的，孩子的观点是错的，只想改变孩子，不想改变自己。

比如，一个家长对孩子说："你就是喜欢偷懒，不努力学习。吃得苦中苦，方为人上人。"孩子说："我看见你吃了苦中苦，为什么没看见你成为人上人啊？"家长听后更生气了。亲子关系之间隔着一座大山，彼此的观点坚硬且对立。

如何改善亲子关系呢？首先家长要接纳孩子的观点，而不是否定孩子的观点。

观点没有对错，只是看问题的角度不同。孩子的观点也是非常有道理的，因为最成功的人不一定是最吃苦的人，最成功的人都是最热爱自己事业的人。如果孩子在学习的时候天天吃苦，他就会厌学。感到痛苦的、被迫去做的事情，终将被放弃；热爱的、感到开心的事情，才能持续做下去。

高能量的家长，喜欢用心感受孩子的感受，能够同理孩子的内心，接纳孩子这个独一无二的人，欣赏孩子的观点。结果是亲子关系和谐，孩子充满自信和动力，身心健康，自主，负责。

家长是水，孩子是船，家长的能量高，孩子的能量就高，因为水涨船高。

家长改变状态，增加自己的能量，是点醒孩子内心的前提。做家长有三个境界，只有不断学习，达到第三境界的家长才能点醒孩子，唤醒孩子的内在智慧。

境界一：家长不倾听、不接纳、不理解孩子。

境界二：家长假装倾听、接纳、理解孩子。

境界三：家长深度倾听，真正地接纳孩子，真正地读懂孩子的内心，点醒孩子。

当家长修炼到第三境界的时候，看似普通的一句话就能点醒孩子的内心，激活孩子的内在动力。

孩子出现厌学、逆反、网瘾、早恋等问题，家长常见的沟通方式是说教、指责、讨好，或者忽视孩子，其结果只能是恶性循环，让问题恶化。有智慧的家长从来不讲大道理，因为，有道理不如有效果。

本书的内容从三个部分讲解如何点醒孩子内心。

家长要从状态、系统、沟通三方面修炼，才能逐步达到第三境界。

拥有最佳父母状态的家长，他的状态和能量能唤醒孩子的内心。

有智慧的家长能够深度倾听，洞察孩子内心的盲点（没有觉察的部分），痛点，‘卡点’（内心卡住的部分），‘笑点’（需求点、利益点、兴趣点、好处、价值），共鸣点，卓越点（天赋潜能）……真正有智慧的家长甚至不用开口，就能点醒孩子的内心。

家长点醒孩子，不是把自己的智慧和能力给孩子，而是激活孩子内心的智慧和能力，因为孩子本来就有无限的潜能。

每个孩子都不喜欢被说教，每个孩子都喜欢被点醒，一万次说教，不如一次点醒。

目录

CONTENTS

第一部分　状态唤醒内心

第一章　最佳父母状态

第二章　接纳

C O N T E N T S

第二部分　系统感化内心

第五章　家庭系统

第六章　内心系统

第三部分　沟通点醒内心

第七章　亲子沟通19条

第十章　引导：如何引导孩子的内心

CONTENTS

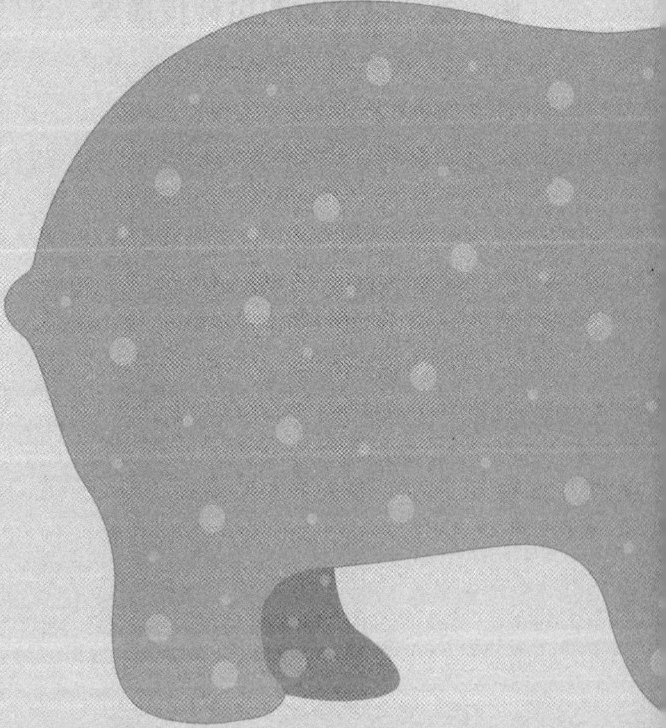

第一部分

状态唤醒内心

最佳父母状态

01

第一章

最佳父母状态是家长的真我状态，包括平静喜悦、无条件的爱、接纳、理解、尊重、信任。

家长的内心有什么，就会无意识地送给孩子什么。家长有爱，就送给孩子爱；家长有担心，就送给孩子担心。

父母状态影响孩子状态

▼

最佳父母状态是家长的真我状态，包括平静喜悦、无条件的爱、接纳、理解、尊重、信任。

家长的内心有什么，就会无意识地送给孩子什么。家长有爱，就送给孩子爱；家长有担心，就送给孩子担心。

如果家长的状态不好、能量低，每天愁眉苦脸，孩子见到家长就会烦躁不安，感觉活着太苦了。如果家长的生命状态是平静喜悦的，孩子也会逐步和家长共鸣，变得平静喜悦，感觉生活充满了希望。

孩子的状态好了，学习、考试和人生的状态自然会变好。生命状态好的孩子是和平的、喜悦的、健康的、富足的，他有能力应对人生的一切挑战。

在中考前，一个初三孩子的家长去参加家长会，他感觉整个会场都弥漫着焦虑的情绪，让人无法呼吸，他说："没想到做家长这么难、这么痛苦！"

如果你教育孩子很辛苦，那就说明你做错了。如果你很享受陪伴孩子成长的过程，你就做对了。保持最佳父母状态，做家长就是一件幸福快乐的事情。

状态重于技巧

▼

最佳父母状态是唤醒孩子的前提。

有一个上了初中的孩子感觉学习没意思，不想去学校，让家长跟班主任请假。结果家长陷入了两难，不知道该怎么回答孩子。如果不帮孩子请假，孩子就会发脾气；如果帮孩子请假，这算不算溺爱？家长来找我咨询。

家长说："我现在跟孩子说话总是小心翼翼的，怕说错了对孩子有消极影响，我要不就讨好孩子，要不就指责孩子，怎么办？"

我告诉他，如果家长的内心保持最佳父母状态——平静喜悦、无条件的爱、接纳、理解、尊重、信任，他给孩子请假或者不请假都是对的。如果家长的内心是恐惧、担心、无奈、怀疑的状态，请假或者不请假都是错的，都不会有好结果。

家长的状态对了，一切都对；家长的状态错了，怎么做都是错的。

最佳父母状态是打开孩子心门的钥匙

▼

打开孩子的心门，沟通才有效，家长说的话才能进入孩子的内心。

家长根据真我的意图——无条件地爱孩子——来行动就会有能量。孩子想念父母、爱父母，并不是因为父母为他赚了多少钱，而是因为父母无条件地爱他。当父母无条件爱孩子的时候，孩子会提高自我价值感，更自信、自尊、自律。

真我是我们内在的中心，是内在真正的自己，拥有无限的创造力。真我的意图永远是积极正向的，出于无条件的爱。真我的感受是和平喜悦、宁静，有无限的能量和力量。

自我是我们出于恐惧所创造出来的。自我喜欢关注黑暗和负面，出于求生存的目的。自我的感受是恐惧、担心、愤怒、混乱、焦虑、不安全、匮乏。

家长的真我状态可以唤醒孩子的真我状态，家长的自我状态则会刺激孩子的自我状态。

人性具有两面性："神性"和"兽性"。"神性"是人性中真我的部分，是神圣的存在，是光与爱。"兽性"是人性中自我的部分，是求生存的本能，是对抗与逃避。

家长用心才能唤醒孩子的内心，才能感化孩子的内心。家长不要刺激孩子的“兽性”，要唤醒孩子的“神性”。

最佳父母状态胜过一切说教。父母什么都不用说，自身的状态就能给孩子增加能量，让孩子充满自信和能量。

内心平静的家长才有智慧

▼

有个孩子回到家，对家长说：“我明天不去上学了！”然后，一直伤心地哭。有的家长会用这样的方式与孩子沟通：

家长：为什么哭啊？

孩子：明天我不想去上学了！

家长：你为什么不想上学？

孩子：就是不想去了。

家长：不能平白无故地旷课，到底是什么原因？

孩子：我心情不好，今天上课有同学嘲笑我了，所以不想去了。

家长：这有什么大不了的。

孩子：不跟你说了，说了你也不懂！

如果是内心平静的家长，遇到上述情况，会怎么处理呢？

家长会停下手中的家务，坐在孩子的旁边，拉着孩子的手，只是陪伴他、倾听他，感受他的内心有很多的委屈和气愤等情绪。过了几分钟，孩子的情绪平静了，也不哭了。

这时家长对孩子说："如果需要我的帮助，可以告诉我。"

孩子告诉家长："没事了，我自己知道如何处理问题了。"

家长的内心平静下来后，孩子的内心就会平静下来。家长保持"无为"、不说教，孩子自己就会找到解决问题的答案，内心平静的家长能够激活孩子内在的智慧。

内心平静的孩子才能安心学习

▼

家长带着情绪说话，就像把石子扔进湖中，会不断地刺激和干扰孩子，让孩子的“心湖”久久不能平静。孩子的内心平静了，才能专心学习。

高三刚开学一周，一个孩子就不去学校了，他妈妈来找我咨询。这个妈妈问我，孩子想逃避学习，她该怎么办？我问她孩子最近是不是发生过什么事情。

孩子的妈妈说，两个月前孩子在操场上高强度跑步后，感觉头晕、心跳加快、很难受。我听了之后推测这个孩子可能是有低血糖的情况，这个妈妈马上就接过话来说道：“是的，他现在就是装病，高三压力一大，他就以身体不好为借口，不去上学。”

我问她：“你是怎么做的？”这个妈妈说：“我们告诉他，马上要高考了，时间紧，让他赶紧回学校上学，结果越给他压力，他越不愿意去学校。”

我告诉她：“你们强迫他，他就逃避了。家长着急，孩子逃避；家长平静，孩子平静。”

这位妈妈回家之后，不再对孩子说学习的事情。一个月后，她给我留言：“孩子现在自己决定去上学了。”

孩子去学校之后，情绪经常不稳定，这导致他的学习状态不稳定，考试成绩经常是一次好、一次差，分数就像过山车，起伏不定。妈妈又受不了了，每天焦虑不安，导致免疫力下降，经常生病。

妈妈又来找我咨询。我教了她静心的方法，她每天站桩15分钟。1个月后，她的状态调整好了，身体也完全恢复了健康。家长有了定力，不管孩子有什么样的行为，考试结果如何，都能保持一颗平常心。家长平静、喜悦地去面对高考，孩子的状态也慢慢稳定了，最终考上了理想的大学。

技术易学，状态难修，平静的状态是需要每天修炼的。

家长情绪管理的方法

▼

家长的情绪会影响孩子的情绪，因为情绪会传染，情绪污染和雾霾一样有害。家长骂孩子，孩子骂猫，猫打翻碗，这就是“踢猫效应”。

一个妈妈带着孩子来找我咨询，孩子连续三年高考都没考上大学。见到我，孩子还没哭，妈妈先哭个不停。妈妈每天心情焦虑，天天让孩子努力学习，结果孩子心情烦躁，感觉自卑，也没心情学习，导致学习效率非常低下。

我首先辅导的不是孩子，而是教给妈妈情绪管理的方法——静心的方法。妈妈的心态逐步调整平和了，变得喜悦了，孩子的心态也好了。孩子第四年参加高考，终于考上了理想的大学。

情绪是什么

❶ 情绪是能量，不会因压抑而消失

情绪本身没有好坏对错。没有不好的情绪，只有不被尊重的情绪；没有可怕的情绪，只有不被理解的情绪。如果情绪被压抑，会从意识压抑到潜意识里，继续影响我们。

❷ 情绪在身体里

感受和情绪存在于我们身体内，我们身体里的每个细胞都拥有它。当我们生气的时候，我们会出现脸红脖子粗、血液流动加速、呼吸急促等生理症状；当我们恐惧的时候，我们会出现身体紧缩、肌肉紧绷的情况，变得异常敏感。“喜”会使人手舞足蹈，“怒”会使人咬牙切齿，“忧”会使人茶饭不思。

❸ 情绪是提醒，背后是成长的机会

情绪提醒我们要觉察起来，探索自己的内心，看看内在发生了什么。情绪正是开悟成长的机会。

家长管理情绪的3个方法

❶ 我的情绪我负责

自己的情绪与他人无关，成人要为自己的情绪负责。

家长：一个朋友跟我借钱之后就不还了，我非常生气！

我：你生气是谁导致的？

家长：就是这个不讲信用的朋友导致的。

我：你生气是你的选择，你要自己负责，你也可以选择高兴。

家长：我不可能高兴啊！

我：把钱借给她是谁的行为，是谁的选择？

家长：我的。

我：那谁来负责？

家长：只能我来负责吧。

我：如果你借钱给别人，不管对方还钱还是不还钱，你都要负责，因为是你的选择。

家长：再遇到借钱的情况，我要提前考虑好，如果这个人不还钱，我会不会高兴？如果我不高兴，那么我就不借；如果他就算不还钱我也乐意，我就借给他。

我：是的，自己的行为自己负责，自己的情绪自己负责，所以，选择之前要考虑清楚后果，再做决策，人生如棋，落子无悔。

❷ 一念之转：用积极想法替代消极想法

一个孩子考试得了30分，家长很生气。在工作坊里，我拿着这个案例问了很多家长，是谁导致家长生气？大家都回答是孩子导致的。其实，家长生气和孩子无关，是家长自己的选择。孩子考试得了30分，家长可以选择开心，选择鼓励孩子、肯定孩子。

如果孩子只考了30分，家长如何做到不生气呢？家长可以这样想：对于孩子来说“早失败比晚失败好”。这个分数能够让孩子好好地自我反思，让孩子发现自己的不足，以后学习就更有针对性了。老师批评孩子，对孩子的心理承受力也是一种锻炼。当孩子失败的时候，家长接纳孩子，还能和孩子建立和谐的亲子关系，应该感到开心啊！

孩子和小朋友玩游戏，突然孩子的玩具被一个大孩子抢走了，但是孩子并没有不高兴，转身又拿了一个玩具，依然玩得很开心。

孩子不生气，因为他的想法是：还有别的玩具，我再选一个就是了。

妈妈很生气，甚至有些焦虑，因为妈妈的想法是："我的孩子怎么这么懦弱，被欺负了也不知反抗，以后可怎么办？会不会总是吃亏呀？"

这位妈妈其实可以换一种角度思考：我的孩子宽容、豁达，不拘小节。而且这是孩子成长过程中必经的阶段，他要学会自己处理问题，这是他自己的事情。再看看自己的孩子，他并没有因为玩具被抢而产生挫败感。如果妈妈的想法改变了，情绪也会随之改变，由生气变得欣慰，由焦虑变得平静。

我认识一个家长，他在北京有13套房，但是他和孩子都体会不到幸福，感到不开心。一天晚上12点了，这个家长给我打来电话，说他想抱着孩子跳楼。

这样的情况在两年内发生过好多次。他一直把注意力聚焦在自己没有的东西上面，一直消极思考，所以他是无法幸福的。他的消极想法使他在看待事物时只聚焦在消极的事情上，从而患上了抑郁症。

我开始辅导他练习静心，练习用积极的想法来代替消极的想法，他花了两年的时间才彻底走出黑暗，孩子的心态也开始变得积极了。

❸ 情绪管理三步法：觉察、接纳、体验

觉察：觉察情绪是关键的第一步，能够让自己在反应之前暂停片刻，在情绪发作之前停下来。

接纳：情绪与感受就像酸甜苦辣一样，只是一种体验，没有好坏、对错之分，感受和情绪永远都不是问题，是送给你的礼物，接纳就好。

体验：生命的本质就是一种体验，当你拒绝体验的时候，身心的能量就会被冻结，充分体验才能活在当下，“拒绝感受”就是拒绝人生，逃避痛苦等于逃避快乐。我们习惯于忽略、逃避、压抑自己的感受，尤其是产生痛苦的或让自己不舒服的感受的时候，我们应该停下来，待在当下体验自己的感受。

例如，我充满热心地和一个家长打招呼，他冷漠的态度让我感觉不太舒服，我立即觉察到了自己的不舒服，于是马上停止思考，去接纳、去体验，美好平静的感觉自然而然地又充盈在心间。

情绪来源于你头脑的思考，停止思考，情绪就消失了。让所有的感受自由地来，自由地去，与感受在一起，就是与自己在一起。

家长情绪管理的四个境界

以孩子不写作业为例。

❶ 家长：你让我生气

这是指责。家长不为自己的情绪负责，想让孩子为自己的情绪负责，潜台词是“都是你的错”。家长这样做，也就失去了自己的力量。

❷ **家长：我生气**

只看见了“我生气”，所以和真我失去了连接，进入了小我状态，没有力量，是不负责的。

❸ **家长：我感觉生气**

能够区分自己与生气，将自己与生气的情绪分开，保持距离。

❹ **家长：我选择感觉生气**

生气是我的选择，我决定生气。我还有其他的选择，我也可以选择心平气和。我选择，我负责。

把自己的喜怒哀乐交给别人，是对自己最大的背叛，成熟的人要承担自己的选择和情绪。我是情绪的主人，将管理心情的权利牢牢地掌握在自己的手中。不管别人做什么，都不会影响自己的心情。

无条件的爱

▼

如果你的父母总是想改变你，你会有什么感觉？是不是会感觉自卑、痛苦、压抑、不自由、不安全等？

如果你的父母无条件地爱你、支持你，即使你犯了错误，也不会指责你，让你做自己，你的感觉是什么？你会感觉自信、被爱，自己是安全的、有能力的……

每个家长本质上都是无条件地爱孩子的，比如，孩子在马路中间走，突然身后冲过来一辆汽车，家长会毫不犹豫地冲过去救孩子。

家长回归本心，就能连接到无条件的爱。然而，很多家长在面对孩子的学业时，在各种社会压力之下，对孩子无条件的爱就变成了有条件的爱。

在学习方面，如果家长经常和孩子谈条件，孩子学习的动力就不是来源于学习本身，而是来源于外在的物质奖励，孩子会认为是为了家长学习的，是为了礼物而学习的，他早晚会失去学习动力。

如果父母的期待过高，孩子就容易自暴自弃，迫使父母放弃他。我辅导过一个初中生，对他来说手机就像他的命，他每天手机不离手，整天玩游戏。这个孩子智商很高，小学的时候成绩特别好。

家长要求这个孩子考到班级前三名才行。他很努力，终于进了班级前三名。结果，家长又要求他考进年级前三名才可以。他很努力，也考进了年级前三名。家长又提出了更高的要求："你要和其他学校的学生比，考进区里面的前三名才行。"家长的要求越来越高，不许下降，只许上升。

孩子跟我说："我烦死了，我的成绩越好，家长的期待越大，我再也不为他们学习了。"

俗话说"一颗老鼠屎坏了一锅汤"，这位家长的功利心和对孩子不断提出的要求、期待就像这颗老鼠屎。无条件的爱才是真爱，才会给孩子前进的力量。

你爱孩子，和孩子能否接收到你的爱是两回事。

一个大学生上了重点大学之后感到很开心，因为他觉得终于可以放松地玩游戏了。他上了大学之后，由于玩游戏上瘾，一刻也离不开手机，成了手机的奴隶，视力也迅速下降，每天大量的时间都花在玩游戏上，考试不及格，如果补考再不通过，就要被学校开除了。后来，一家三口来找我咨询。

孩子：都是父母的错，过去他们总是强迫我学习，所以，我现在厌学了，逆反了！中学的时候，我考试得了99分，全班第一。我妈妈质问："那1分去哪儿了，是不是又马虎了，你应该考100分。"现在我不为他们学了。

妈妈：你考不好，如果我接纳你，你就会不思进取，我必须要告诉你错在哪里，这样才能让你变得越来越好，这是家长的责任。

爸爸：为了让孩子变得更好，所以我要告诉他哪里不好。

我：这样做有用吗？结果是什么？

爸爸：没用，结果就是孩子彻底不上进了。

我：孩子得到的爱越是有条件，越是严苛，孩子的自我价值感就越低，无条件爱孩子，孩子才会有变好的动力。

一个中学生上网成瘾，孩子的爸爸说教也不管用，孩子的妈妈说："要打就狠狠地打！"

在家长的棍棒教育下，孩子离家出走了，到社会上混，帮助高利贷债主要债，即使睡马路也不回家。最后，家长没办法了，把孩子骗到了戒网瘾的学校。

家长对孩子说："你不求上进，在社会上鬼混，你早晚要进监狱，全家人的脸都被你丢尽了。你要好好改造，如果再敢玩游戏，教官会狠狠地教育你的！"

听到家长这样说，孩子会改变吗？不会！孩子的内心充满仇恨——对家长、对老师的仇恨！他的问题更严重了，因为最大的痛苦不是身体的痛苦，而是被父母抛弃。

在戒网瘾学校关了4个月后，孩子的心理、行为问题越来越严重，家长带着孩子来找我做家庭治疗。

第一步：家长先改变，学习无条件地爱孩子，学习身心合一地沟通，修复亲子关系。

后来这位妈妈跟孩子说："以前我们都不理解你，做了伤害你的事情，我们感觉很难过。我们全家人都爱你，你永远都是爸爸妈妈最爱的孩子。"

当孩子有了安全感，他感觉到被父母无条件爱的时候，他就会下定决心，要做更好的自己。

孩子为什么会对游戏上瘾？因为他内心空虚，有匮乏感，所以就没有成长的力量。孩子在现实的世界找不到成就感，就会去虚拟世界里面找。游戏世界是虚拟的，是脱离现实世界的，永远不会让人真正满足。比如，你饿了，不给你饭吃，天天让你看一堆美食的菜单和照片，你能满足吗？你会更饿，因为菜单和照片是虚拟的，不是现实。

孩子对游戏上瘾是一种对现实的逃避，如果在现实世界里，比如在学校和家庭里，有父母的爱，有老师的肯定，就好像有真实的美食，孩子就不需要在虚拟世界里面“吃菜单”了。

内心富足的人对游戏不会上瘾。你让他玩游戏他也不喜欢玩，因为他活在真相里，他内心是满足的，不需要游戏里的虚拟刺激。

第二步：激活孩子的内在动力，激发孩子去行动，在现实世界找到成就感、价值感。

要有清晰的目标和计划，焦点要聚焦于行动，引导孩子确立自己的目标，制订小步走的计划，每天前进一小步。比如，孩子喜欢写作，就激励孩子去写，去行动。

这对父母用无条件的爱唤醒了孩子的真我，孩子后来考上了大学，在大学里面还获得了奖学金。

家长不要试图以爱为条件来要挟孩子改变，只有无条件的爱才能唤醒孩子的真我。

无条件的爱并不是指接纳孩子所有的行为，行为是有界限的。无条件的爱是指无论孩子做了什么，都接纳他这个人，都爱这个人，用孩子能接受的方式给孩子恰到好处的支持。一个孩子小时候能够无条件地被爱，这将是他一辈子的铠甲。

家长无条件地爱孩子，孩子的心里就有父母，这样的教育就成功了。

期待管理

▼

家长经常误把期待当作爱，而真爱其实是给孩子选择的自由，“你可以学，也可以不学，爸爸妈妈都是爱你的”。这样的情况下，孩子往往更愿意学习。

家长过高的期待会给孩子很多无形的压力，也会影响孩子的学习，导致考试失利。

一个大学生找我咨询。她说：“我特别恨我的父母。我妈妈虽然经常说‘学习成绩好坏都没关系，只要你高兴，我就高兴’。但是，我是一个敏感的人，我觉得她的潜台词是，她不高兴都是我的错，都是因为我现在学习不好。我爸爸喜欢发脾气，而且挺吓人，我和他的关系一直不亲近，我不愿意见他。每次我妈妈跟我说爸爸对我多么好，我有多么不孝的时候，我就会特别内疚。高中的时候，我的成绩一直很优秀，但自从上了高三，我爸爸就经常跟我说：‘你要努力学习，一定要考上重点大学。’每次一听他这样说，我就很烦。后来，他说得更多了，我就更厌学了，结果我高考失利，考上了很一般的大学。现在，在大学里，我也感觉学习没意思。”

家长管理期待有以下4种方法。

❶ 分享期待

家长首先要评估自己的期待是否合理，如果觉得合理，就与孩子一起约定，选择一个合适的情境，互相向对方表达自己的期待。期待越具体越好，比如“孩子要早睡”这个期待就不具体，应该是“期待孩子每天10：30睡觉”，越具体的期待越容易被孩子理解和执行。双方可以互相表达自己的期待，也可以同意或不同意对方的期待。期待没有对和错，只有愿意和不愿意。

家长告诉孩子自己的期待是什么，然后让孩子自己选择，如果孩子不愿意满足家长的期待，家长不要感到不开心。家长要为自己的期待负责，不评判、不建议，并且还要倾听孩子的反馈。

❷ 放下期待

如果你的孩子是桃树，就不要期待他结出樱桃。

孩子接收不到家长的爱，很多时候是因为你的期待阻挡了你的爱。家长只有放下期待，才能真爱孩子。家长不为自己的期待负责，是亲子关系紧张、家庭不幸福的重要原因。当你的期待是让孩子负责，你就放下了自己内心的力量，如果能有“我的期待我负责”的心态，你就拿回了内心的力量。

放下期待，你什么都不会失去，唯一可能失去的只是你的苦恼。没有期待就没有伤害，放下期待，无欲则刚！

❸ 给“梯子”

家长的期待太高，孩子就够不到。家长要放下那些不切实际的期待。对孩子的期待要客观，除了看孩子主观上是否愿意，家长还要给孩子实现期待的“梯子”，亲子合作才能更好地实现期待。

比如，你期待孩子早上起床自己做饭，可是孩子不会做饭，怎么办？可以给孩子一把“梯子”，你可以买一个定时煮粥的锅，也可以买一个定时蒸面包的机器，晚上睡觉前让孩子学着简单操作一下，第二天早上孩子起床后，早餐已自动做好，这样孩子就很容易自己准备早饭了。

对于客观合理的期待，家长要用心给孩子准备好实现目标的“梯子”，及时给孩子当下最需要的支持。

❹ 变期待为礼物

将期待变成礼物，因为给予等于接收。你渴望什么就先送给别人什么，比如，你渴望别人爱你，你就先把爱作为礼物送给别人。当你敞开心扉把爱给予别人的时候，第一个收到爱的其实是你自己。

期待高的家长非常容易和孩子产生矛盾，让自己生气，也让孩子痛苦。但是，任何痛苦和冲突都是有其积极意义的。因为一些家长在某些方面做得非常好，所以他们也希望孩子能像自己一样。他们对自己有很高的要求，同样地，他们对孩子也寄予了同样的高标准。

比如，家长的期待是孩子回到家先写作业，而孩子的期待是先看一会儿动画片。这样矛盾就产生了。家长可以先陪孩子看一会儿动画片，然后告诉孩子：“你在爸爸心中是最重要的，爸爸的原则是‘要事优先’，所以爸爸先陪你，等会儿爸爸再做其他的事情。”

家长改指责为尊重、理解，与孩子的冲突化解了，这样孩子才能真正地体验到“要事优先”原则。

家长有自己的期待和优点，孩子有他的期待和优点。家长要尊重孩子，把自己的期待变为礼物送给孩子。家长变了，孩子就变了。

接纳

02

第二章

对于发生的事情，你只能接纳，对抗只会让自己产生不良情绪，影响健康。很多人不接纳自己，比如不接纳自己的身体。

接纳有利于身心健康

▼

对于发生的事情，你只能接纳，对抗只会让自己产生情绪，影响健康。很多人不接纳自己，比如不接纳自己的身体。我有一个来访者每天要照镜子4个小时，对自己的外貌总是不满意，要不觉得自己太胖，要不觉得太瘦，总之是不好看。

我们不能控制、压抑自己的情绪，要转化自己的情绪，否则，累积的情绪会因为某件小事爆发，影响我们的身心健康。

接纳自己能提高身体的能量，让自己健康。一个癌症患者，自从她生病后，老公就变心了，要跟她离婚，后来让她净身出户。她没了房子，人财两空，除了病痛，一无所有。她化疗之后躺在病床上开始思索人生，突然理解了心理咨询师跟她说的话："要治病，先认命，要接纳一切。"这时候一切都无所谓了，她放下了一切，她接纳了一切，当她的内心真正地接纳了之后，身体竟然也逐步康复了。现在，她已经出院10多年了，她跟我说："病房中的十几个病友，只有她和另外一个心灵成长了的人还开心地活着。"

当然，我并不是鼓励大家放弃科学的治疗，恢复健康最好的方法是身体治疗和心灵的成长。

接纳孩子，孩子自己会变好

▼

一位家长参加我的工作坊后，给我留言：

马老师好！自从孩子开始厌学、逆反后，这两年我是流着眼泪走过来的。我第一次参加工作坊的时候，您对我说："接纳孩子，孩子自己会变好。"我当时很生气，不认同您的说法，我认为您这样的答案太简单了，是在敷衍我。

没想到的是，后来按照您说的方法试着去接纳孩子，真的能让孩子改变，也没想到我真的能突破自己！您真了不起！非常感恩您的引导！

我在思考两年前孩子为什么坐不住，为什么心静不下来，现在有了答案。

我学着渐渐地接纳孩子，今天上午陪孩子上两个小时课，然后带孩子去公园活动。我不再要求孩子和我一样。其实孩子身上的优点很多。现在，想起来很惭愧，是自己以前没有发现。孩子不停地和我说着他感兴趣的事情，以前我从来不听，总是执着于自己的想法。自从我真正地接纳了孩子，孩子的内心有了温暖，也慢慢地变得平静了。

一个高三的女生住校，她一个月才回家一次。她经常跟老师说："我想回家。"老师说："你都这么大了，还想家啊，你可以给妈妈打电话啊。”她一打电话，妈妈就生气地对她说：“高三了，你要抓紧时间学习，总想回家干什么。”

原来自从她妈妈生了一个弟弟，每天都全身心地照顾弟弟后，她感觉妈妈不爱她了，自己被冷落了，内心无法安定，所以也无心学习。妈妈越是拒绝她，她越是无法专注学习，成绩不断下降。

女儿反复给妈妈打电话，其实是想确认妈妈是否还爱自己。

妈妈带着孩子来做心理咨询，我让妈妈对女儿用心地说：“妈妈是爱你的，因为你是我的孩子。”女儿开始抱着妈妈哭。

当这个孩子感受到妈妈无条件接纳的时候，她的心情稳定了，成绩也慢慢提高了。

家长永远都要无条件地接纳孩子。

接纳是有效教育的前提

▼

家长不接纳孩子，就没有权力教育孩子。不被家长接纳的孩子，没有安全感，内心会关闭起来，不会听家长说的话。

家长接纳孩子，孩子才会接纳自己，孩子才会有能量自我改变。

一个6岁的孩子经常咬指甲。妈妈对他说："这样不卫生，很难看！"但是说教不管用，于是妈妈开始打骂孩子，甚至威胁他："如果你再咬指甲，就不给你饭吃了。"

当天，孩子就不咬指甲了，但是第二天孩子趁着家长不在旁边，又开始加倍地咬起来。

孩子说的每一句话、做的每一件事里面，都有积极的一面。孩子咬指甲是为了消除压力，如果家长打骂他，他的压力更大、更焦虑，孩子就会咬得更厉害了，形成恶性循环。所以，当孩子出现问题，如果家长不接纳孩子，就会对孩子造成二次伤害，让孩子的问题更严重。

那应该怎么办呢？家长先接纳孩子，不要过度关注他咬指甲的行为，甚至可以"奖励"孩子："小宝过来咬给妈妈看，妈妈给你糖吃。"他得到了妈妈的接纳和理解，内心的情绪化解了，咬指甲的行为就自然会消失。

家长不要盯着行为问题的表面，咬指甲背后的问题是孩子的内心有焦虑、有情绪。家长应该关注孩子的内心需求，也许孩子在幼儿园和小朋友交往遇到了一些困难，要引导孩子学会管理情绪，处理好人际关系，孩子自然就不咬指甲了。

有智慧的家长无条件地接纳孩子，有智慧的人能够接纳一切。

家长不接纳孩子是因为不接纳自己

▼

一个妈妈辞了大企业的高薪工作，全职带孩子。女儿10岁的时候开始逆反，并且有了强迫症倾向，做事要求完美。一张纸上写错一个字或某行字写歪了，这张纸就不要了。

一天，女儿对妈妈说："你要陪着我写作业。"妈妈说："我累了，我要休息一会儿。"女儿抱着妈妈的腿不放手。

过了几天，女儿又让妈妈陪着她写作业。妈妈说："我太累了，需要休息一会儿。"女儿冲过去抓住妈妈的头发，猛地拉扯，要把妈妈从床上拉起来。妈妈要反抗，女儿却连打带咬。爸爸看到这一幕后非常生气，对孩子说："我们不要你了，你滚出去！"她真的跑出去，离家出走了。

为什么10岁的女儿会这样对妈妈呢？原来妈妈以前经常打骂、批评女儿，有一次女儿不听话，她也是抓住女儿的头发，直接把孩子从地上提了起来。

为什么妈妈不接纳孩子？因为她在孩子身上经常看到自己的影子。她是一个非常固执的人，喜欢较真，追求完美，为了防止孩子跟自己一样走弯路，所以她对孩子要求严格。

当孩子做一些事情表现得不够优秀的时候，妈妈感觉自己面上无光，孩子的爸爸也会说她：“你看看，这点事你都做不好！你平时也不上班，连孩子都带不好！”她就会更觉得没有价值感。

家长不接纳孩子，本质上是因为不接纳自己。家长接纳自己的不足，才能接纳孩子的不足。

我们是神圣的，同时也是渺小的；我们是有智慧的，同时也是无知的。我们两者都是，这才是真相。家长必须完整地接纳自己，才能完整地接纳孩子。

接纳不是纵容

▼

接纳不是纵容，不是讨好，不是委屈自己。无条件的接纳是接纳孩子这个人，而不是他的行为，行为是有界限的。我不喜欢你的行为，但是我接纳你这个人。

接纳是保持中正，接纳不等于认同，也不等于反对。比如，孩子的观点和我的观点不同，我不认同他的观点，也不反对他的观点，但是我接纳和尊重他的观点，我允许他的观点与我不同。

接纳是柔，界限是刚，家长要刚柔相济。家长无条件地爱孩子、接纳孩子，建立了和谐信任的亲子关系之后，家长才有权利给孩子设立不能触碰的界限、原则、规则。

接纳是不急于拉孩子、“救”孩子

▼

家长不要急于帮助孩子解决问题。

高一期末考试的时候，一个男生数学考了满分，全班只有他一个人考了满分。高二刚开学他被选进了实验班，他遇到了学校最严厉的数学老师。一天，他上数学课正在打盹，老师喊他回答问题，他站起来不知所措。老师说：“你（这样）还考过满分呢，你的分数是抄的吧？”他又生气又委屈，感觉自尊心受到了羞辱，从此再也不学数学了，数学成绩一落千丈。慢慢地，对于其他学科他也不想学了。高三第一次模拟考试，他的总分全班倒数第一。

妈妈看到分数很焦虑，来找我咨询：“如何救孩子，让他赶紧行动？”我说：“要学做‘不负责任’的家长，不要总想着‘救’孩子。”

回去之后，妈妈心平气和地给儿子写了一封信，信中说：“倒数第一也没有关系，这不是坏事，你肯定会变好，妈妈信任你！”妈妈不着急，看似不拉他、不救他。孩子反而开始着急了，从此拼命地学习，最后考入了重点大学。家长无条件的爱与接纳激活了孩子自救的动力。

很多家长总想托举孩子，生拉硬拽，替孩子想办法，解决孩子的问题，这不是爱孩子，而是害孩子。你负责，孩子就不负责。真正的爱，是把解决问题的权力交给孩子，把责任交给孩子，这样孩子才会成长。

痛苦是改变的动力，要允许孩子痛苦，家长要用无条件的接纳来护佑孩子，孩子掉到谷底才会反弹。

接纳是不评判、不对抗

▼

接纳是给就收。一个乞丐去要饭，有人给100块钱，他说：“谢谢！”有人给10块钱，他说：“谢谢。”有一个小朋友，很淘气，往他的碗里面放了一小块石头，他还说：“谢谢。”这就是接纳，顺势而为，欲给就收，不评判、不对抗。

接纳是不管发生什么，都要去面对、去接受，不对抗、不挣扎。刚学游泳的人习惯对抗和挣扎，所以就会沉入水底，当他放松下来，放下对抗，慢慢地就会浮出水面了。

当你身陷流沙中的时候，越挣扎就越容易下沉。我们在生活中也是如此，不挣扎，不对抗，顺其自然，一切都会是最好的安排。

比如，单位领导突然找我谈话，通知我“你被开除了”，谁遇到这种事都会不开心。但是，当我接纳的时候，我发现发生的一切都是我的最佳利益，因为我可以有一段自由的时间去参加很多心理咨询师的专业培训。在培训教室，我可能会遇到一所学校的校长，然后这位校长可能邀请我去新的学校开展心理工作。

舍己从人是接纳。家长不让孩子来适应自己，而是改变自己去适应孩子，这才是接纳。

接纳不是委屈自己，接纳是身心一致，是中正的状态。内心圆满的人才能真正地接纳他人。

接纳是对发生的所有事情说“是的”

▼

所有已经发生的事情，都是应该发生的，如果你接纳，一切都是你的最佳利益。

一位40岁的男老师来找我做心理咨询，因为学校领导找他谈话，说他讲课时，学生纪律最差，成绩也最差，并且他已经40岁了，还没找到对象，心情抑郁。我告诉他：“如果你愿意接纳，去面对，一切发生都是你的最佳利益。”

第二天他就开始联系新学校去面试。他刚到一所学校门口的传达室，传达室的阿姨问他：“你是来做什么的？”他说：“我是来面试的新老师。”

阿姨问他：“你是单身吗？”他说：“是啊！”阿姨告诉他：“我们单位正好有一位女老师也是单身，帮你们介绍一下吧！”

一周之后，他就去了新单位工作。一个月之后，他给我微信留言说：“我要结婚了，谢谢马老师。”

接纳不等于喜欢，接纳是承认事实。比如，当你闯红灯，被警察罚了很多钱，虽然你不开心，但是你接纳它，承认了这个事实。当你说“是的”的时候，你就开悟了，正因为有好心的警察，所以你可能避免了一场车祸，不开心的事就变成了开心和感恩的事。

无论遇到什么情况你都要说“是的”，这样你才会看到真相，下一步你就知道该怎么办了。如果你对发生的事情说“no”，你就是在评判、在对抗，你就看不到真相。

要想改变一个东西，最好的办法是不去改变它，而是接纳它，化问题为资源，障碍越大，价值越大。一个孩子的问题越严重，越不要试图改变这个问题，否则它会产生一种很大的反作用力，而是要接纳它，要透过问题的表面，找到孩子内在的资源。

家长可以多想想孩子小的时候，自己是怎么无条件地接纳他的。

接纳孩子的“缺点”才是真正的接纳

▼

我们在孩子身上看到的缺点，往往也是我们内在的缺点，只不过我们隐藏得更深。孩子就是家长的镜子，家长不能砸了这面“镜子”。

孩子的缺点背后隐藏着他的优点，万物皆有裂痕，缺点就是“光的通道”。当家长把注意力放在孩子的优点上面时，孩子的优点才会越来越多。发现优点是家长的能力。

比如，大众认为性格内向不好。实际上，很多成功人士都是内向的人。内向的人细心、谨慎，能深入研究事物、看到本质。很多科学家也都是内向的性格。

一个缺点背后往往有一万个优点。就好像一张白纸上面有一个黑点，你的注意力是放在黑点上面，还是放在白纸上面?

理解

03

第三章

误解是人生常态，理解是奢侈品。

误解产生亲子矛盾

▼

误解是人生常态，理解是奢侈品。家长经常误解孩子，因为大人和孩子的视角不同。当然，孩子也经常误解家长。

晚上12点，一位妈妈发现孩子还在学习，非常生气，从桌上拿起一个水杯就摔在了地上。孩子被刺激了，也拿起了一个水杯，狠狠地摔在了地上。孩子说："摔杯子谁不会，谁怕谁！"

他们找我做家庭辅导的时候，我问孩子："你为什么摔杯子啊？"

孩子说："我妈妈不就是想让我努力学习吗，我已经拼命学习了，她还不满意。"

我问妈妈："你为什么摔杯子啊？"

妈妈："我不想让他拼命学习，我是想让他早睡觉，学习到很晚对他的健康不好。"

由此可见，妈妈和孩子的理解是完全不同的。

我的一个朋友老郑，从小失去了母亲，父亲含辛茹苦地把他和弟弟抚养成人，一家人在一所老房子里面过着平静的生活。父亲经常对他说："你是哥哥，有好吃的东西，你要让弟弟先挑。"从小他就感觉父亲偏心。

在老郑50岁的时候，父亲突然因病去世了，他把存款都留给了弟弟。老郑感觉父亲偏心，于是再也不回老房子了，每年的清明节也不去给父亲上坟。

老郑80岁的时候，他已经恨父亲30年了。收到老房子要拆迁的消息后，老郑和弟弟一起回老房子收拾旧东西，突然，弟弟在父亲的老柜子里面发现了一封信，看了一眼，就递给了他，老郑只看了一眼，就泪如雨下。原来是一份遗嘱，上面写着“钱给弟弟，房子给哥哥”，还有父亲的签名。

原来他误解了父亲，父亲对兄弟两个人是公平的，父亲的心中也是想着自己的，老郑既内疚又后悔，恨自己为什么这么自私狭隘。他终于体会到父亲的爱了，他在父亲的坟前长跪不起，忏悔自己的过失。

误解让爱冰冻，理解让爱流动。

家长为什么会误解孩子

▼

家长经常带着评判的眼光看孩子，这样就会看不到真相而误解孩子。

我认识的一个妈妈，她孩子的班主任跟她说：“你女儿早恋了！”

妈妈吓坏了，来问我：“孩子早恋怎么办？”我让这个妈妈说说具体情况。

妈妈说：“班主任说我女儿和一个男生在教室里面打闹，推推搡搡的。”

我对她说：“你女儿的性格就是外向的，她和所有的同学都喜欢打打闹闹，不能因此就随便给孩子贴标签。”

班主任之后又调查了情况，确实就是同学之间的打闹。老师和家长随便给孩子贴标签，容易伤害孩子的自尊心。带着评判的眼光看孩子就会误解孩子。

有些人非常喜欢评判别人，如果某个人发生了一件不光彩的事情，消息传到网络上，会有上万条评论。其实，我们都没有资格评判别人，因为你不了解真相，只是道听途说，了解了一点碎片信息而已。我们要学会尊重每个人，当别人犯错误的时候，我们更要尊重对方。

亲子沟通最大的一个问题是：孩子说话，家长不听，因为家长喜欢带着评判沟通。

有一个孩子考了59分。爸爸对这个孩子说：“你总是不及格，你总是这么笨，你太懒了，你和你妈妈一样，你怎么不学学我呢？”爸爸说的这些话都是评判。

孩子这次考试得了59分，这是事实。事实是客观的，没有好坏对错。家长一定要学会区分事实与评判。有评判就会产生情绪，带着情绪跟孩子沟通，就很难有好结果。

什么是评判？评判是指对一件事的对错好坏的判断。消极的评判产生消极的情绪，积极的评判产生积极的情绪。不管消极的评判还是积极的评判，都不是事实，只是自己的看法，是自己内心的投射。

比如，劫富济贫好不好？如果你回答“好”，说明你站在穷人的立场；如果你回答“不好”，可能你站在富人的立场。每个人的评判都是出于自己看问题的角度和立场，不是客观真理。

世界是一面镜子，评判别人就是评判自己，你所看到的优点、缺点都是你内在具有的。观点没有对错，只是看问题的视角不同。

家长的不理解会伤害孩子的内心

▼

很多家长喜欢寻找孩子身上的问题。孩子厌学，往往是因为孩子失去了自信心，家长要帮助孩子恢复自信才行，但是很多家长常见的做法是落井下石。

莹莹数学考了59分，妈妈说：“你看看，数学每次都考50多分，说明你物理也不好，你只学会了静止，不懂运动，你的优点就是稳定，你的缺点就是太稳定。”家长的挖苦就像子弹一样，摧毁了孩子的自尊心、自信心，甚至影响孩子的一生。

孩子早恋，是因为亲子关系出现了问题，提醒家长要从内心理解和关爱孩子，修复亲子关系。可是，很多家长的做法不是修复亲子关系，而是破坏亲子关系，就好像孩子的伤口在流血，家长不是给孩子止血，而是再补上一刀。

初三的时候，莹莹与一个男生交往很密切，家长知道了，直接找到对方的家长，要求把他们拆散。家长这样做，失去了孩子的信任，把孩子的心也推走了。

莹莹在家里面得不到家长的认可，在学校也得不到老师的认可。遇到这种情况，通常，孩子的第一种选择是我不学了，专攻手机游戏，做“啃老族”；第二种选择是忍气吞声，每天心情不好，带着不良情绪去学校，恶性循环，最终患上抑郁症。

莹莹做出了第三种选择，她离家出走了，还在外面交了一个小混混男友。

除了上面常见的三种选择，实际上还有第四种选择——父母先改变，理解孩子。莹莹的父母一起来我的工作坊学习亲子沟通，修炼最佳父母状态。家长一开始不愿意改变，认为莹莹的行为是错的，打算继续改变莹莹。我问他们一个问题：“你们控制孩子的方法有用吗？”他们说：“没用。”我说：“既然没用，那就别再犯相同的错误了，换一种尊重、理解孩子的方法吧。”他们同意了。通过学习，莹莹的父母学会了身心一致的亲子沟通方法，学会了“走冰山”，理解了孩子的内心。

一段时间后，莹莹就回学校安心上学了，她给我留言：“马老师，我的父母现在越来越理解我了，我数学成绩已经达到60多分了，我感觉自己越学越有后劲！”

理解是改变的基础

▼

爱是理解一切。真正地理解孩子，才能够帮助孩子。

孩子所有的行为和想法都是有用的，即使是问题也有积极的一面，如果直接改变孩子的行为、想法或问题，有可能产生更严重的危害。

有一个高二的女生有严重的拖延习惯，她经常不完成作业，考试成绩排在倒数几名，老师批评她没有效果，叫家长也没用，她自己也非常自责、内疚。她来找我咨询，问我如何克服拖延症，提高学习效率？

我：你应该感谢拖延。

（她一下子就愣住了。）

我：幸亏有拖延，否则你就垮掉了，你太疲惫了。

（她的眼泪唰地就出来了。）

她：我想玩命学习，但是太累了，晚上睡不着，白天也没有精神，每天很困，心口就像压了一块大石头，有时候呼吸都困难，感觉自己高考没有希望了。

我：你虽然想努力学习，完成作业，但是你的潜意识反映出你的身体不堪重负了。你想学习，而你的潜意识想休息，意识和潜意识是矛盾的，所以，造成了拖延、低效率的学习状态。

家长和老师批评她后，她的拖延情况反而变得更严重了。如果她强迫自己不拖延，她的身体可能就垮掉了，有可能大病一场。

为了帮助她，我先帮她进行催眠训练，解决她的失眠；然后帮她做好自我管理，调整营养、运动、心态；最后帮她开发潜能，调整到最佳学习状态。后来，她的学习越来越高效了。

这个孩子的状态恢复了，拖延症不用特意去管就自然消失了，最后她顺利地考入了重点大学。

理解孩子，才能引导孩子

▼

“理解孩子”需要家长设身处地、感同身受，是家长与孩子一起去理解，而不是家长自己去理解。

只有准确地理解了孩子的内心，才能够因材施教，引导孩子成长。比如，同样是厌学，但是每个孩子厌学的原因不同，所以引导孩子、帮助孩子的方法也不同。

有一个初一的孩子，最近半年以来英语考试成绩每次都在50分左右，她说：“英语很无聊，没意思。”我跟她深入沟通后发现，她讨厌学英语的根本原因，不是英语无聊，而是她努力学习英语，但是看不到进步，一考试还是不及格，找不到成就感，所以对学习英语失去了信心。

针对她的情况，我为她量身打造，制定出适合她的小步子学习策略。每天吃透一道题，吃透这道题背后的语法和单词，每天背一道错题，积小胜为大胜。一个月之后，她的英语成绩就及格了。几个月之后，她的英语成绩已经能达到80多分了。

骂孩子笨，批评孩子不努力，给孩子提要求，这些谁都会，但是没有用。如果家长真想帮助孩子，应该先静下心来，倾听孩子的内心，真正地理解孩子的感受和困难，然后有针对性地支持孩子，因材施教。只有读懂孩子的内心，才会发现教育之道。

引导孩子的第一步就是理解孩子。

一天晚上，一位焦虑的妈妈带着读初三的女儿来找我咨询。孩子的左手手腕缠着白色的绷带，面带泪痕。

妈妈：学校禁止学生带手机，她这是第三次被班主任抓住了，今天班主任把她的手机没收了，还要给她处分，并且要在全校进行通报，所以她就用椅子把自己砸骨折了。

孩子（伤心地哭着）：不给我手机，我就不活了！

妈妈：我批评她也没用，在家里我给她断网，她就自残，上次她把自己的脚砸伤了！

我（对孩子）：你上学必须带着手机，我相信你一定有非常好的理由，能说出来吗？

孩子：我和三个外校的好朋友有一个微信群，每天要和她们在群里交流，这样我才能放松心情。

我：这是你减压的方式。

孩子：是的，我每天必须在群里交流30分钟，这一天才会感觉开心，否则，这一天的心情都是黑色的。

我：在学校你有好朋友吗？

孩子：没有。

我：在学校，同学和老师都不理解你。回到家，父母也不理解你，你内心感觉非常压抑。

（孩子的眼泪一直流。）

孩子：如果不能用手机和朋友交流，我就会崩溃，她们是我内心的支柱。

我：她们能够无条件地理解你，认可你吧。

孩子：是的。我现在没有活下去的力量，需要这三个朋友给我力量。如果不让我带手机，我也活不下去了。

我：我知道你有很多委屈，但是伤害自己的人都是语言无能的人，你可以通过沟通赢得老师的理解和支持。

孩子：我不敢面对老师，也不知道说什么。

我：你愿意为自己说句公道话吗？告诉老师，为什么你必须每天带着手机。

孩子：愿意。

我：好，下面我就教你如何进行身心合一的沟通。简单地说，就是三个分享：分享自己的内心，肯定老师的内心，还要考虑情境。（详见第三部分　沟通点醒内心）

第二天她去找班主任进行了身心合一的沟通，分享自己的困难、情境、感受、意图，她通过沟通赢得了老师的理解。

通过这次危机，家长理解了孩子内心的痛苦，不再批评她，亲子关系也逐步修复了。孩子的内心变得强大了，也学会了善待自己，通过沟通化解矛盾。

理解孩子的意图

▼

孩子所有行为的背后，都有积极正向的意图，有智慧的家长能够理解孩子的意图。

我在“最强内心”夏令营给孩子们讲课，一个孩子迟到了，他一进教室马上就跟我解释了迟到的原因。

下课后，他问我：“马老师，我刚才跟您解释迟到的原因，是不是因为我不自信啊？”

我告诉他：“不是，是因为你尊重我，你尊师重道。”

他非常开心，因为我替他说出了内心的深层意图，他知道我理解了他。

有一位参加过我的工作坊的爸爸，跟我讲了这样一件事。有一天他的孩子非常生气地质问他：“谁吃了我的蛋糕？是你吧，我还不够吃呢！不许别人动我的东西！”

爸爸确实吃了一小块，听到孩子的话，他有些生气，心里想：这个孩子真不懂事，平时总是给他买好吃的，我就吃了一点点，他都不愿意，真是个没良心的孩子！他越想越生气，为了避免和孩子争吵，他转身离开了。

这位爸爸之前参加过亲子沟通工作坊，他先深呼吸三次试着让自己静下心来。他打开工作坊的笔记，第一页写着：“存在即合理，孩子所有的言行背后都有积极正向的意图。”他开始觉察孩子的内心。

当孩子生气地说“不许别人动我的东西”，孩子内心深处的渴望和意图是被尊重，找到自己存在的价值感。

当爸爸觉察到孩子内心真正的意图后，他的内心立即恢复了平静，因为他也希望孩子是一个被尊重、高自我价值感的人，这是他和孩子之间共同的意图。

爸爸拿起笔，在笔记本上面写道：“要过滤掉孩子和自己的情绪，倾听孩子内心深处的真实意图，才能读懂孩子的心。孩子又给我上了一课，感谢孩子。”

所有的行为背后都有积极正向的意图，家长要用心倾听孩子内心深处的渴望，理解孩子的意图。很多家长看到孩子身上的问题，如厌学、拖延、玩手机时间过长等，便会批评孩子，可批评不仅没有效果，反而让孩子的问题更严重了。只有当家长理解了孩子深层的意图，才能接纳孩子、引导孩子。

孩子身上出现的所有问题都不是问题，而是提醒家长的一个信号：要真正理解孩子的内心。孩子所有行为问题背后的声音都只有一个：理解我吧，爱我吧！

练习

通过孩子表层的行为，看到孩子内在深层的意图

❶ **早恋**：说明孩子内心匮乏，家庭缺少爱和温暖，积极正向的意图是爱与被爱。

❷ 一位中学老师跟我说："早晨8点上课，一个学生经常9点才到学校。"我告诉这位老师："这个孩子的意图很好，是希望为自己负责任，否则，他就不来了。"

❸ 一个妈妈跟我咨询，抱怨她的孩子晚上作业都没写完，9点就睡觉了。我说："孩子的意图很好，是希望自己健康。"

家长要学会共情

▼

一个孩子信心满满地去参加作文比赛，但是他被淘汰了，哭得很伤心。

家长对孩子说："没关系，没必要伤心，男儿有泪不轻弹，你有潜力，你将来一定会成功。"

家长这样安慰孩子，孩子会感觉家长没有同理心，不理解他，亲子之间的内心距离就会更远。

有一个高二的男生，在某省最好的中学的实验班就读。期中考试他考了全校第二名，但是后来他突然就不去上学了。

原来，他暗恋一个女同学，这个女生无意间对他说："我看到你就烦！"他说："既然你看到我就烦，那我就不让你看到！"

家长劝他去学校，不管用；家长批评他，他就不理家长。他每天把自己关在屋子里面。

一个月过去了，家长非常着急，找我咨询后才明白，孩子早恋是因为在家庭里面得不到爱和温暖。

理解就是高品质的爱，家长给孩子无条件的爱和理解之后，孩子内心的黑洞开始有了阳光，孩子主动回学校了。

同理心练习

家长要学会用心感受孩子的感受，21天后你会慢慢地理解孩子，孩子也会愿意和你说话，愿意对你敞开心扉，亲子关系也会变好。

理解孩子，把话说对

▼

家长要把话说对，让孩子的潜意识“点头”说“是的”，这样孩子才能感觉到，你是真正地理解他了。

家长千万不要给孩子讲道理。比如，孩子说：“英语老师出题太难了。”家长却说：“这次题不难啊，老师出一些难题，能够提高学生的水平。”

这样交流的话，孩子可能就不愿意再跟家长沟通了。

为了更好地理解孩子，提高沟通水平，你还可以模仿孩子的状态，与孩子“同频”。在线下沟通工作坊中，有很多专门的训练。比如，家长模仿孩子的姿态、语气、语调、呼吸等，先跟随孩子，再达到同频共振，这样就可以更深层、更准确地理解孩子的状态、感受、想法，然后更容易引导孩子。

换位思考，理解孩子

▼

有一个姐姐从小到大有什么好处都让着弟弟，比如，有好吃的让弟弟多吃。吃饭的时候，如果有四个烙饼，给弟弟吃三个，姐姐只吃一个，所以姐姐认为自己是一个好姐姐。

有一天，弟弟对姐姐说："你对我很不好，你吃的那个也应该给我吃。"姐姐突然就愣住了，她不明白弟弟为什么会这么想，感觉有些气愤。

我问这个姐姐："你现在理解弟弟了吗？"她说："我现在理解了，这不怨弟弟。"

我问她是怎么理解的，她是这样说的："我现在也是两个孩子的妈妈了，我总对孩子说老大应该让着老二。结果，老二认为好吃的、好玩的都要让自己先挑，这是理所当然的。换位思考很难，当年弟弟也这样对我，不怨他，这是家庭模式造成的。"有了体验，才能理解。

理解别人之所以困难，是因为每个人都不愿意放下自己的观点，进入对方的情境中，以对方的视角看问题。如果真的想去理解另外一个人，就会被那种理解改变。

有智慧的家长能放下自己的执念，做到换位思考。在孩子小的时候，很多家长会指责、批评孩子，但是没有考虑过孩子的感受，如果家长和孩子的角色对换一下，就能够理解孩子了。

为了更好地理解孩子，家长可以思考几个问题："孩子的情境是什么？孩子的困难是什么？孩子的感受是什么？孩子这样做的正向意图是什么？"

多角度看问题

▼

家长要学会多角度看问题，才能更好地理解孩子。

有一个孩子考了70分。孩子认为自己最近非常努力，成绩进步了10多分，自己感觉很好，非常满意。家长却认为孩子考得太差了，比平均分还低10分，对孩子的不思进取感到着急。结果，孩子得不到家长积极的肯定，学习的动力和积极性受到了打击。

如果家长站在孩子的角度考虑，就会理解孩子、肯定孩子，孩子得到了肯定，就会有信心，在以后的学习中就会更加努力，形成良性循环。

每个人都是从自己的角度看事情，所以看到的都是局部，每个人都是盲人摸象，但每个人都坚持己见，这样就产生了分歧与矛盾。

化解矛盾的一个好方法就是理解沟通的本质，沟通不是为了说服对方听自己的，而是为了相互理解。每个人都说出自己的观点，让许多不同的观点碰撞，才能接近事情的真相。

多角度看问题就是智慧。每个人都掌握一个真相的碎片，多角度看问题才能够拼凑碎片，才能更接近真相。

尊重和信任

04

第四章

家长尊重孩子，孩子就会尊重自己，孩子的自我价值感就会高。

孩子和家长的内心是不同的，要尊重孩子与我们的差异，要尊重孩子的想法和感受，允许他们与我们不同。

每个孩子都值得被尊重

▼

家长尊重孩子，孩子就会尊重自己，孩子的自我价值感就会高。

孩子和家长的内心是不同的，要尊重孩子与我们的差异，要尊重孩子的想法和感受，允许他们与我们不同。

一个家长问我："为什么我的孩子有话不跟我们说？"

我告诉这个家长，是因为他不尊重孩子的想法，总是管他、说他。这个家长也同意我的分析。

要允许孩子走自己的路，即使错了，也要陪着孩子走一程，让孩子自己体验，自己学会选择，这才是尊重。

我非常感激我妈妈，因为她从来不管我的学习，百分百尊重我的意愿。记得读高三的时候，只要一下雨，我就不去上学，因为在农村，一下雨路上都是泥。只要我不去学校，妈妈就给我做好吃的，从来不问我学习的事情。妈妈越是无条件地尊重我、信任我，我的学习动力就越强，我会在家里面自学，最终高考的时候我也是超水平发挥，后来居上。

尊重界限

▼

谁的事情谁做主，谁的事情谁负责，这是界限。父母不尊重孩子，就会越界，这很危险。天上的日月星辰都有各自的轨道，各行其道，组成了丰富多彩的宇宙。日月星辰不能越界，否则就会发生碰撞爆炸。

孩子的事情，家长不能越界替孩子做决定。比如，对于孩子的学习， 家长要对孩子说：“你什么时候学习，你说了算；什么时候不学习，你也说了算。你的事情，你做主。”

得到孩子的允许后再沟通，这是尊重孩子。孩子在做自己的事情，家长在一旁说话打断孩子，这是不尊重孩子。

家长在和孩子沟通之前，可以先问一问：“我有几句话想对你说，你有时间吗？”孩子说：“好的。”得到孩子的允许、同意后再说话，这是对孩子的尊重。如果孩子说没时间或不愿意听，家长就要闭嘴，等待时机再说。

为什么要信任孩子

▼

为什么要信任孩子？因为每个孩子都有自己的答案，每个孩子都只能走自己的路，每个孩子都是自己人生的专家，而家长并不是孩子人生的专家。

信任是关系的基础，没有信任，就没有了亲子关系。

家长总是对自己的孩子不放心、不放手，担心孩子走错路，害怕孩子失去机会，惧怕孩子有危险，想一直保护孩子，然而孩子的内心是追求独立、自由与成长的。

当孩子到了一定年龄之后，家长的这种恐惧就会限制孩子的成长，产生亲子矛盾。作为父母，你是选择恐惧，还是选择信任？这得你自己决定，而且也不容易。

家长自己的内心有恐惧，就会投射到孩子身上。家长不信任孩子本质上是因为不信任自己。只有家长自己心灵成长了，有力量了，才可能做出清晰的选择。

信任孩子就是祝福孩子

▼

焦虑型的家长没有安全感，所以会放大自己的恐惧，对未来充满担心。

一个小学六年级的男孩参加足球课外班，课外班一共有5个孩子，另外4个孩子都是同一所学校的好朋友，他们4个喜欢抱团排外。

孩子跟妈妈说他不想参加这个足球课外班了。妈妈却告诉孩子做事情不能半途而废，要坚持到底。结果母子之间发生了矛盾。

妈妈是焦虑型的家长，很担心孩子，于是找我咨询。

妈妈：孩子做事情喜欢半途而废，本来他就内向，这次被同学拒绝了就不去上课，他会不会留下心理阴影？会不会变得更自卑、更内向、更自闭？这样下去的话，他的人生就没有希望了。

我：孩子要求退出课外班，是孩子自己的选择，说明孩子有主见，尊重自己的内心。

妈妈：可是，孩子被其他同学拒绝了就半途而废，也不坚持一下，这是逃避困难，怎么办？

我：家长尊重孩子的意愿就好。

妈妈：万一孩子的选择是错误的，怎么办？

我：家长信任孩子，孩子才会为自己的选择负责。孩子给你一个反馈，你就像天线一样，专门去寻找“孩子会有危险的信号”，并且放大这个信号。比如，你的孩子放学回家晚了，你就问他：“怎么回来这么晚？去哪玩了？和谁一起玩的？怎么不接电话？是不是又玩游戏去了？”对孩子的担心与审问就开始了，是不是这样？

妈妈：我经常这样，我对他不放心。

我：你这样对孩子说话，孩子的感受是什么？

妈妈：孩子很烦，不愿意理我。

我：你想象一下，如果孩子放学回家晚了，你说：“今天回来晚了，妈妈很担心你。”或者：“今天有什么开心的事，跟妈妈分享一下。”这样对孩子说话，孩子的感受是什么？

妈妈：很轻松。

家长带着担心和恐惧去沟通，孩子会产生防御心态；家长信任孩子，孩子自然就会敞开心扉。家长控制什么，孩子就更容易对什么上瘾。

一个初二孩子的妈妈找我咨询。她说：“我看了很多关于家庭教育的书，结果被这些书给害惨了，我完全按照书上说的，教育孩子时尊重孩子，给他爱、接纳、自由、赏识，除了手机不让他玩，其他什么都可以。”

结果恰恰相反，孩子从六年级开始唯一感兴趣的就是手机。他彻底失控了，每天手机不离手，吃饭、刷牙、上厕所的时候都在玩手机。一次，在吃饭的时候，趁他不留神，他爸爸把手机给抢过来了。

他又哭又闹，开始和他爸爸打架。后来就离家出走，以此报复家长。

妈妈：我自己也绝望了，我每天哭。这样下去，他考不上高中，也考不上大学，肯定就完了。

我：家长永远都无法控制孩子。我做了20年家庭教育，还没看见过一个家长成功地控制了孩子。你控制什么，孩子就对什么上瘾。

妈妈：我们唯一担心的就是他会迷恋手机，结果就发生了。

我：家长每天都给孩子消极的心理暗示——不玩手机，结果孩子潜意识听到的都是“手机”。你担心什么，什么就容易发生，所以，担心孩子就是诅咒孩子，信任孩子就是祝福孩子。

父母的信任是孩子变好的前提

▼

一个高二男孩开始逆反，旷课，经常玩游戏玩到后半夜，父母认为这种生活方式会把他的健康和前途都毁了。一天，他爸爸半夜回到家，发现他还在玩游戏，一气之下就把他的电脑的电源线拔了。孩子气愤之下跑到书房将爸爸的电脑抱起来，“砰”的一声摔在地上。因为上学和游戏的事情，家里冲突不断，几个门都被打坏了，最终爸爸被打出家门，不想回家。在一次激烈的冲突中，他用力一推妈妈，导致妈妈摔倒在地板上，当时他妈妈的头距离旁边的玻璃鱼缸只有20厘米。

孩子后来也不去上学了，他说想出国留学。

家长对孩子说："你英语都不会，怎么出国？你要先参加托福培训。"

孩子带着培训费就走了，晚上回到家，学费没了。原来他没去学英语，而是去赌博了，输光了学费。为了孩子的问题，家长天天吵架，开始闹离婚。

家长经朋友推荐来参加亲子沟通工作坊。

家长：我们全家都要疯了，再不改变就会出人命。孩子现在每天在家里发怒、大喊大叫、砸东西！

我：你们已经被孩子的情绪控制了，家长不要用自己的情绪刺激孩子的情绪。家长一定要做到中正，既要温和又要坚定，不能讨好孩子。

家长：孩子一发怒，我们就害怕，应该怎么办？

我：你们可以在心里面默念："是你的情绪，不是我的。你是你，我是我。你很好，我也很好。你能为你的情绪负责，我能为我的情绪负责。我信任你。"

家长通过一年的学习，状态、系统、沟通都得到了改善。孩子的内心也平静下来了，不再和家长对抗，开始安心地学习、准备考试了。

当孩子有情绪的时候，不要刺激孩子，不和孩子的"小我"互动，不指责、不讨好。家长要信任孩子，让孩子做自己。家长要坚定“孩子能变好”的信念。

一个初中女生网恋了，想去外地见陌生的异性网友。妈妈急坏了，非常地焦虑、担心，告诉孩子，“见陌生网友太危险了，现在经常发生失联事件”，孩子又哭又闹根本不听，后来这位妈妈来找我咨询。

妈妈：我不想让孩子去见网友，因为她要坐火车去一个好几百公里之外的陌生城市，我非常担心，但是她不听我的。

我：既然强迫孩子没有用，你可以身心一致地和她沟通，先理解她、信任她。

妈妈：如果孩子逆反，总是犯错，怎么办？

我：如果孩子犯100次错，你就要原谅她101次。

妈妈：孩子能变好吗？

我说：能！

……

很多年之后，我又遇到这位妈妈，她特别感激我，说我在她最无助的时候帮助了她。实际上，我已经记不清自己当时说什么了。我就问她：“我的哪句话对你帮助特别大？”

这位妈妈说，“孩子能变好”这句话伴着她度过了最艰难的两年，她心中一直坚守着这个信念。现在看，孩子果然变好了，非常优秀，大学马上就要毕业了。

我问她："当时孩子要去见网友，你是如何与孩子沟通的？"她告诉我："不管你决定去还是不去，妈妈都尊重你的选择。"

孩子说"去"，我就告诉她："为了安全，如果你去，妈妈就陪着你去。"过了两天，孩子又说她暂时不去了。

父母的信任是孩子变好的前提。

第二部分

系统感化内心

家庭系统

05

第五章

通过家庭辅导，父母觉察到孩子问题的根源之后，父母开始改变，身心一致地对待两个孩子，孩子的内心也逐步恢复了健康。和谐的亲子关系是孩子健康幸福的基础。

和谐的父母关系是送给孩子最好的礼物

▼

家长送给孩子最好的礼物不是房子、存款，而是和谐的父母关系。

一个妈妈来找我咨询，说她的孩子现在读高一，医院诊断为抑郁症，孩子不能上学了。孩子的爸爸既不管孩子，也不做家务，她跟孩子的爸爸天天吵架。一想到这些事情，她感觉自己的心脏都要爆炸了。走路的时候，生活里一些不如意的画面就会跳出来，她每天处于痛苦之中不能自拔。

我：请你按照重要性给家里的每个人排一下顺序。

妈妈：第一重要的是儿子，第二是自己，第三是狗，第四是孩子的爸爸。

我：孩子的爸爸还不如狗？

妈妈：对呀，他还真不如狗，小狗多听话啊。

我：这就是错位，孩子出现问题的根源就是父母之间的矛盾。家庭里面最重要的是父母关系，然后才是亲子关系。

妈妈：明白了，最好的顺序应该是“自己，老公，孩子，宠物狗”。

第二次咨询的时候，一家三口都来了。我发现妈妈和孩子手拉手，关系很近，爸爸距离她们很远。遇到意见不一致的时候，妈妈就会指责爸爸和孩子。爸爸反过来也会指责妈妈，随后就转过身，不理妈妈，开始冷战。爸爸也会给孩子讲道理，但大多时候是远离孩子的。孩子与妈妈是又爱又恨的纠缠关系，孩子与爸爸关系疏远，他在这种家庭氛围里，久而久之就抑郁了。

我让孩子自己调整家庭里面每个人的位置，最后调整为爸爸、妈妈、孩子三个人手拉手围成一个圆圈，孩子感觉很有安全感，也能够同时看到爸爸妈妈。

这位妈妈第三次来咨询的时候，讲了这样一段感言："当我做到接纳、理解他们的时候，发现老公的态度也变好了，孩子即使不上学，也很可爱。"

我告诉她："你做得很好，真正地去接纳和理解他们了。"

当她第四次来咨询的时候，她告诉我，他们家里开始有爱的能量在流动，孩子也开始有笑声了。当她第五次来咨询的时候，她告诉我孩子去学校上学了。几年后，我听到这位家长给我的反馈，孩子已经读大学了，非常优秀。

爸爸不关心妈妈，妈妈不敬重爸爸，孩子就容易出现问题。

有一个四年级的男孩每天玩手机，不写作业，成绩全班倒数第一。妈妈拉着孩子来听我的亲子沟通公开课，当我给另外一个家庭做个案的时候，孩子的内心被触动了，失声痛哭。

孩子：我最恨爸爸。

我：你对爸爸最深的印象是什么？

孩子：爸爸经常骂我“蠢货”，考得这么差，还有脸见人！

妈妈：爸爸经常出差，回家还打骂孩子。我一个人带孩子，还要上班，压力大，我还得不到他的理解和支持。

情绪是会传递的，爸爸把消极能量传递给妈妈，妈妈把消极情绪传递给孩子，孩子每天都不开心，也就没心情学习。

家庭是一个系统，家庭里面没有爱的流动，孩子就会出现问题。家长教育观念的不一致对孩子影响最大。

家长的意图都是为了孩子好，但是孩子接收不到家长的关心。家庭当中，对错不重要，关系才重要。

和谐的亲子关系是孩子健康幸福的基础

▼

一个10岁的女孩出现了洁癖，不愿意上学，她的东西被2岁的弟弟拿了一下，她就会发怒，觉得弄脏了。爸爸在她的床上坐了一下，她就会和爸爸吵架。

一家四口来做家庭辅导，我发现妈妈、爸爸更关心弟弟，因为弟弟小，而她得不到父母的关注，就通过生病来达到目的。当然，这是她的潜意识为了求生存做的选择。

一家四口就是六对关系，每一对关系都和谐，孩子的内心才健康。

通过家庭辅导，父母觉察到女儿问题的根源之后开始身心一致地对待两个孩子，让孩子的内心逐步恢复了健康。和谐的亲子关系是孩子健康幸福的基础。

我们需要两个人来爱自己：一个是别人，一个是自己。每个孩子的身心健康都需要重要他人的关爱。父母做孩子的第一“重要他人”，孩子的人生是幸福的。

爸爸是孩子的天空，境界要高，是用来仰视和敬畏的；妈妈是孩子的大地，情绪要稳定，是用来滋养心灵的。

“重要他人”的一般顺序是：妈妈、爸爸，爷爷、奶奶（姥姥、姥爷）……如果让爷爷奶奶隔代抚养，孩子就会把爷爷奶奶当成他内心的父母，感情上的父母，真实的父母有可能只是一个称呼。

如果想让一个孩子成长为一个健康、幸福、负责的成年人，父母需要和他有一个安全稳定的依恋关系，这样他和父母在一起的时候，他内心的渴望是被满足的。

家长爱自己多少分，就会爱孩子多少分

▼

爱自己是一种能力，很多家长都不会爱自己，喜欢虐自己。爱自己0分的家长，也会爱孩子0分；爱自己100分的家长，才能无条件地爱孩子100分。

爱的出发点是从自己开始的，在学会爱自己之前，爱别人是假的，因为不爱自己的人，内心没有爱，你不能给予别人自己没有的东西。当你爱自己100分之后，你可以放下对孩子的期待。孩子如何对待自己，孩子是否爱自己来源于父母。

有一个妈妈喜欢指责孩子，她喜欢用负面的方式来教导孩子，“不要浪费时间！你太慢了，你效率太低了！”如果孩子不听话，她就说：“你再不悔改，我们就不要你了！”孩子就会觉得“我不重要，我没有价值。”这就是孩子从父母话语里学到的与自己的关系。

孩子考试分数高，妈妈就很高兴，孩子从中学到的是：“只有我学习好，我才能取悦父母，否则我就没有价值。”

我们是善待自己，还是虐待自己，最初都来源于父母。

爱自己不是自私。自私的人不爱自己，自私的出发点是恐惧和控制。爱自己的出发点是信任和喜悦。爱自己是“我爱自己，也爱其他人”，自私是“我只爱自己，不爱其他人”。

爱自己不是溺爱自己，也不是追求感官刺激，满足自己的所有追求。比如，一个人没日没夜地玩手机，沉迷手机1年，毁掉了健康，错失了人生机遇，从此悔恨30年，这不是爱自己。

家长改变，孩子改变

▼

在12岁以前，孩子的潜意识就像录音机，家长说什么，他就录什么。

一个4岁的小男孩看到爸爸和妈妈在吵架，爸爸对妈妈破口大骂道：“你这败家老娘们儿。”孩子记住了，以后爸爸和妈妈一吵架，他就模仿爸爸骂妈妈：“你这败家老娘们儿！”以至于在街上看见两只狗在掐架，他都会说：“你们这两只败家狗。”

一个男士喜欢抽烟，他的孩子才1岁，每次出门玩，孩子就喜欢在小区里捡烟头，用手捏着玩，并放到嘴里尝一尝。这个男士还喜欢喝酒，每天晚上喝啤酒的时候，孩子都会跟爸爸抢酒瓶子喝酒。

在学校，有一个小学生喜欢骂人、说脏话，老师对家长说：“您的孩子在学校说脏话了。”家长说：“老师您放心，这个王八蛋一到家，我就好好教育他。”

孩子的很多问题根源于家庭。需要注意的是，这不能简单地说是父母的错，也不能说是孩子的错，实际上是家庭系统需要调整。

孩子在12岁以下，家长要先改变。孩子在12岁以上，孩子自己要学习成长，要为自己的人生负责，不能指责父母，因为父母都不是完美的。孩子学会了接纳、理解、感恩父母，孩子的内心就真正地长大了。

我给家长讲课的时候，我会说：“家长改变，孩子就会改变，你不改变，孩子也不会改变。”我给孩子讲课的时候，我会说：“孩子改变，父母就会改变。你改变了，父母对待你的方式就改变了。”在夏令营，我经常对孩子们说：“要用你的行动和成绩让父母放心。”

家庭里往往谁都不想改变自己，都想改变别人。有智慧的父母才会主动改变自己。

一个家长在微信群里面的分享如下：

我的女儿辍学了，为了解决孩子的问题，我参加了很多家庭教育的培训，学了很多教育孩子的理论和方法，但是孩子却更加逆反、暴躁，继续不上学。正当我焦头烂额的时候，一个朋友推荐我走进了马老师的“最强内心”夏令营。

我开始学习做身心一致的妈妈，我懂得了如何向孩子表达自己内心深处的爱。我清楚了孩子内心真正需要的是什么，所以我和孩子沟通时，就很容易把话说到孩子的心里去。

孩子接收到妈妈的爱之后，她开始改变了，变得自信、有力量，为自己的人生和学习负责。

孩子现在品学兼优，内心强大，她现在很享受学习，去年在大学里获得了两项一等奖学金。

我非常庆幸在我最困难的时候认识了马老师，我的家庭随后发生了天翻地覆的变化，我的夫妻关系、亲子关系、原生家庭、朋友关系都因为我的改变而变得更加美好。

改变一个家庭，只需要家庭里面一个人改变。一个妈妈改变，至少影响五代人。

家庭教育的六大目标

▼

❶ 高自我价值感

自我价值感是孩子一生幸福、心理健康、内心强大的基础。自我价值感高的人，就会尊重自己、信任自己、爱自己、自信、自律，拥有健康的人际关系。

有些孩子出现玻璃心、脆弱、自卑、自我伤害，本质上都是因为自我价值感低造成的。

一个喜欢自虐的孩子用小刀在胳膊上面刻了四个字“永远开心”，用手机拍照后，发给我看，我看到血淋淋的四个字，实在是心疼，开心不起来。我与家长沟通之后，家长不再每天给孩子纠错，开始无条件地爱孩子，孩子的自我价值感提高了，他自我伤害的行为也消失了。

很多孩子的内心都有小时候留下的黑洞，都有匮乏感，当孩子的内心感受到父母无条件爱的时候，内心的黑洞就充满了阳光。孩子内心爱的渴望被满足了，孩子的自我价值感就会提高。家长不爱孩子，孩子就不爱自己。

家长用自己的方式爱孩子是不够的，还要用孩子能感受到的方式爱孩子。要让孩子感受到，他是值得爱的，他是最珍贵的！家长可以对孩子说：“你是独一无二的，做你自己就好！”

高自我价值感的孩子懂自尊、自信、自爱。

自尊是指尊重自己，忠于自己的内心，不强迫自己，不指责自己。比如，有人请我去吃饭，如果我感觉不好，或者有一些重要的事情要去做，我就告诉对方：“感谢你的邀请，我有一些事情，抱歉不能去了。”如果是低自尊，我就会委曲求全，讨好别人，不想去也不敢拒绝别人。

当家长尊重孩子时，孩子的自尊水平高，他才会自律，进行自我教育。家长可以告诉孩子：“别人的话只是作为参考，决定权在你，要尊重自己的内心。”

自信是生命中获得成功的基础，先有自信，后有成功。家长可以告诉孩子：“你有能力，相信你能处理好自己的事情，做真实的自己。”

自爱是指自我保护、自我肯定。不爱自己、否定自己是一个人对自己最大的伤害。如果你的孩子学会了百分之百爱自己，他就不会受伤。家长可以告诉孩子：“不管发生什么，爸妈都会和你在一起，我们永远爱你。”

❷ 学会选择

选择是一个人最重要的能力，选择就是取舍。我们每天都会面对大量的选择——吃饭、穿衣、交友、心情、择偶、择业。会选择是孩子能力和智慧的体现。

有选择的孩子才会承担责任。家长不要替孩子做选择，不要经常给孩子忠告和建议。如果你经常对孩子说“你必须……你一定要……”，这就相当于夺走了孩子选择的权利和能力，让他变得没有力量、不负责任。家长要从点滴小事做起，引导孩子学会选择。

❸ 学会负责

有两种问题家长：一种是不负责的家长，一种是过度负责的家长。

不负责的家长不关心孩子，忽视孩子，这种家长要学会以身作则，给孩子做一个负责任的好榜样。

过度负责的家长为什么出力不讨好？孩子为什么对家长的付出不领情？因为家长经常越界，为孩子负责，这样孩子就不会为自己负责。负责的人有力量，就是创造者，不负责的人会失去力量，成为受害者。家长应该有界限，谁的事情谁负责，不能越界，比如家长不能干涉孩子的学习，学习是孩子自己的事，要让孩子自己负责。孩子越负责，能力越强。

❹ 身心合一

为了培养孩子身心合一、表里一致，家长首先要做到表里一致、身心合一，中正、真诚，因为正人先正己。

身心合一有三个境界。“我”与自己的关系和谐，内在是和谐的，与自己和解；“我”与他人的关系和谐，能够身心一致进行沟通，“我”与家庭和谐、社会和谐；“我”与天地的关系和谐，天人合一，聚焦更高的人生使命。

❺ 道德教育

“皇天无亲，唯德是辅”，“德胜才为君子，才胜德为小人”。中国文化告诉我们，一个人能否有成就，最关键的要看其是否有道德。

练武术首先要修炼武德，医生要有医德，教师要有师德。但是，真正的道德教育不是外在强迫的道德约束，而是内在的真我觉醒。

相对于助人自助、无私奉献、与人为善、感恩慈悲、仁爱礼让、智信仁勇这些美好的道德品质来说，道德约束是被迫去做，是表里不一的。

内在觉醒的状态是“我愿意这么做”，“修心进德，日行一善”，这样做的时候，我的内心是和平的、喜悦的，与别人无关，和要求无关，不求赞美，不需回报，这样做是连接到了人性本善的真我。

❻ 心理承受力

培养孩子的心理承受力，就要提高孩子的抗挫折和抗压能力。

家长要允许孩子受挫折，让孩子体验痛苦的感受。当孩子受挫折的时候，家长不要帮助孩子直接解决问题，而要做孩子的支持系统，接纳孩子的情绪，陪伴孩子体验情绪，孩子才能为自己负责，学会自己化解情绪，这样孩子的心理承受力才会变强。

满足孩子的心理需要

▼

有一个10岁的男孩在学校偷了同学的100元钱，班主任找孩子谈话后，跟家长说："孩子偷钱是因为有心理障碍。"

一家四口来找我做家庭辅导，这个男孩还有一个姐姐，比他大两岁。他家有一条不成文的家庭习惯：男的和男的在一条战线上，女的和女的在一条战线上。最近两年，由于爸爸经常出差，于是他在家里失去了同盟。妈妈和姐姐经常联合起来批评他，妈妈说："你看看姐姐的成绩多好，你要好好向姐姐学习！"他在家里非常孤单，内心压抑了很多的情绪，无处释放。

孩子为什么偷钱呢？孩子说："爸爸的生日快到了，我想给爸爸买一个礼物，爸爸一高兴，就不出差了，这样就可以陪我玩了。”

孩子行为问题的根源在于家庭系统，在于亲子关系、姐弟关系不和谐，在于孩子的心理需要得不到满足。

通过家庭系统的调整，妈妈不再指责儿子了，开始平等地对待两个孩子，爸爸也更多地陪伴孩子、关爱孩子。之后，家长给我反馈，说孩子的心态好了，再也没有偷钱的行为了。

很多孩子厌学、逆反、早恋，甚至出现心理问题，根本原因是心理需要没有得到满足。如果孩子的心理需要得到满足，孩子就会有高自我价值感，他的生命动力就会被激活。**家长要富养孩子的内心，满足孩子的五大心理需要。**

❶ 安全感

没有安全感的孩子很难安心学习，甚至还会影响将来的人际关系、婚姻关系、家庭关系。

有些孩子不敢上幼儿园，到了幼儿园门口就会哭，这是因为孩子没有安全感，不敢离开父母。父母该如何做呢?

父母要接纳孩子的感受，用心陪伴孩子，和孩子建立信任的亲子关系。家长可以提前做好铺垫，从上幼儿园半年前开始，经常带着孩子来幼儿园附近玩，让他熟悉环境。还可以让孩子在班上找一个好朋友，周末的时候约上这个好朋友一起玩。

家长也可以和孩子分享自己是怎么上幼儿园的，告诉孩子，太阳一落山就会准时来接他回家。还可以在孩子的手腕上画一颗心，告诉孩子想妈妈的时候，可以看看这颗心。

❷ 接纳、允许

家长接纳孩子的缺点和错误，允许孩子自己选择。

❸ 关注

不被关注的孩子会委曲求全、取悦他人，当他内心委屈到一定程度就会崩溃。比如，有的孩子喜欢人来疯，就是因为被关注的需要没有得到满足。很多孩子内心最大的痛苦就是他常常被家长忽视。

❹ 信任

家长信任孩子，孩子就会自信，很多孩子厌学是因为不自信。

❺ 肯定、认可

孩子的内心就像一个空杯子，肯定孩子就是给他的内心增加能量、增加自信。如果你指责孩子，就会降低孩子的内心能量。

孩子内心的需要和渴望没有得到满足时，他就会把注意力放在寻找爱上，以证明自己存在的价值，而不会关注自己的学习。孩子内心的渴望得到了满足，他就会健康、自信、积极正向，青春期也不会逆反。

用孩子愿意接受的方式爱孩子

▼

家长经常把自己认为最好的爱给孩子，结果孩子却出现了问题。其实，每个孩子接收爱的方式是不同的，爱孩子要以孩子能接收到的方式为主。

一个家长带着读初三的孩子来咨询。家长说孩子在家里面就是小皇帝，从小到大家里六个大人围着他一个人转，一切都给他准备好，为他服务，他是衣来伸手，饭来张口。

孩子对家长说："我就是你们的小奴隶，从小到大，天天被你们虐待！被你们控制！"

听到孩子这样说，家长非常震惊。家长认为他们已经把最好的爱给孩子了。问题是家长认为的最好的爱对于这个孩子来说就是控制。孩子的内心与家长的内心是两座完全不同的"冰山"。

一个高三孩子的妈妈听了一堂有关家庭教育的微课，讲师说孩子的心理健康需要家长的陪伴。这位妈妈觉得以前工作忙，没有时间陪伴孩子成长，现在孩子上高三了，想抓住机会来补偿。

妈妈在孩子的学校旁边租了一间房子，每天接送孩子上下学，为孩子做饭、洗衣，看着孩子学习、写作业。妈妈无微不至地关爱着孩子。

妈妈找我咨询的时候，跟我说：“你看我是多么好的家长，为孩子付出这么多，给他创造这么好的条件，比其他的家长好多了。”

孩子找我咨询的时候，却跟我说：“在高三以前，我的成绩都是前几名，但是自从家长陪读，成绩迅速下降，我最烦的就是家长陪读。我感觉我妈妈每天在干扰我的学习，给我很多无形的压力，让我无法专注，我有很多次都想从楼上跳下去。”

家长的“美酒”可能在孩子看来是“毒药”。

在“最强内心”训练营，我给100多个青少年做过一个课堂调查：“你认为爸爸是爱你的，请举手。”结果只有60%的孩子举手了。我发现一个初一的男孩没举手，他平时表现得非常颓废、自卑，喜欢一个人躲在角落里面，也不愿意和大家一起玩。

课下，我和他进行了沟通。我说：“你爸爸是爱你的啊！你看他做生意很辛苦，为了挣钱经常出差，给你买好看的衣服，对你多好啊！”

孩子跟我说：“我在3年前就问他什么时候带我去八达岭长城，他每次都说周末就去。他就知道挣钱，一点都不关心我！”

随后，我找机会和他父亲沟通。他父亲跟我说：“我每天工作压力这么大，夜以继日地拼搏奋斗都是因为爱孩子，为了孩子能有好的生活条件。”

我说：“你对孩子表达爱的方式是为孩子多挣钱，创造更好的成长条件，而孩子最需要的是父亲的用心陪伴。”这就是亲子关系中非常遗憾的地方。

没过多久，这位父亲在工作的时候突然心脏病发作，被送进了重症监护室抢救，在他生命垂危的时候，他感到非常内疚、后悔，“我人生最遗憾的事就是还没有带孩子去过长城，孩子这么简单的心愿都不能完成，我真是一个不合格的父亲，如果我能够康复出院，我马上带孩子去长城”。

父亲出院之后，改变了爱孩子的方式，经常带孩子一起外出，也去了八达岭长城，孩子的内心也逐渐恢复了自信和阳光。

孝敬父母是不能等的，爱孩子也是不能等的。在适当的时机，家长可以问问孩子：“你希望爸爸妈妈如何对待你，你才会感觉开心？你希望爸爸妈妈如何做，你才能感觉到我们是爱你的？”

家长要有原则，给孩子界限

▼

界限就是底线，即孩子不能做什么。真正的好父母要一直无条件地爱孩子，关心孩子，但是当孩子触及界限、底线的时候，要及时“翻脸”，对孩子说“不”。

3岁以前，家长要开始培养孩子的习惯，树立规则，让孩子清楚界限与规则，知道不能做什么，能做什么。

随着孩子年龄的增长，让孩子明白底线：安全第一、健康第二、道德第三、法律第四。

❶ 孩子要尊敬老人。

❷ 孩子不能触碰安全、健康、法律、道德的底线。

❸ 孩子不能做伤害自己、伤害别人的事情。

❹ 孩子要善待自己和善待别人。

家长“五不说”，不给孩子学习压力

▼

家长要做到“五不说”，不给孩子学习压力，否则，孩子就会厌学。

“五不说”是指：孩子上学之后，家长不说学习、不说作业、不说游戏、不说起床、不说睡觉。

很多家长界限不清，会检查孩子的作业，会让孩子努力学习，会对孩子说“别玩游戏了！”还会提醒孩子“该起床了！（该睡觉了！）”家长要把握一个原则——谁的事情谁负责。这些事情是该孩子自己负责，家长负责后，孩子就不负责了。

有些家长经常让孩子去学习，催孩子写作业，时间长了，孩子就会厌学。家长做到“五不说”，孩子才能学会自律，最好的教育是不教育，是孩子的自我教育。

对于已经厌学的孩子，家长要告诉孩子“生活压力”的真相。告诉孩子：“如果你上学，父母就一直支持你读书；如果你不上学，就要早做准备，多做家务。所有的孩子都要学习一技之长，学习职业技能，学会生活，学会自立，你18岁了就要外出工作，养家糊口，为自己负责，为家庭承担责任，为社会做出贡献。”

家长过度关注学习是最伤害亲子关系的事情，和谐的亲子关系才是最重要的。家长要做场边的“啦啦队”，为孩子鼓劲赋能，如果家长步步紧逼，监督孩子的学习，家长就变成了“运动员”。因为你负责，孩子就不负责了。

无招胜有招。面对学习困难，你有招，孩子就没招；你没招，孩子才有招。

孩子犯错的时候是改善亲子关系的契机

▼

孩子犯错的时候，家长常见的做法是指责、说教、批评，这样做的结果是：把孩子的心“推走”，失去了孩子的信任，导致亲子关系疏远。

孩子犯错、遇到困难的时候，往往是他内心最脆弱的时候，如果这时候家长能够理解孩子、支持孩子，孩子就会知道父母是真正爱自己的，孩子与父母之间的亲子关系就会更亲密、更和谐。

此外，孩子还会经常测试家长是否爱自己。孩子不单单通过语言测试家长，还会通过自己犯错或遇到困难后家长的反应来测试。这时候家长要身心一致，真正做到接纳和理解孩子，经得起孩子的考验，亲子关系就会更亲近，才是合格的家长。

很多家长不关心孩子的感受，不会设身处地为孩子着想，所以孩子就会怀疑父母，产生“父母可能不爱我”的想法。

比如，有些孩子犯错的方式是“不想上学了”，这时候就是在测试家长“是不是真正地爱我，是不是真正地接纳我”，因为真正的接纳是接纳孩子的缺点和不足，允许孩子犯错。

当父母总是通不过孩子的测试时，孩子就会对父母失去希望，把自己的心门关闭了。长大以后，他可能会成为一个麻木的、没有感觉的人，不知道什么是爱，也不知道什么是不爱。

内心系统

06

第六章

真我是人永远不会改变的部分，它是定格的，不会消失，它经常在你身边耳语，轻轻地跟你说话。如果你能够聆听它说话，它是会引导你的。

冰山：读懂内心的地图

▼

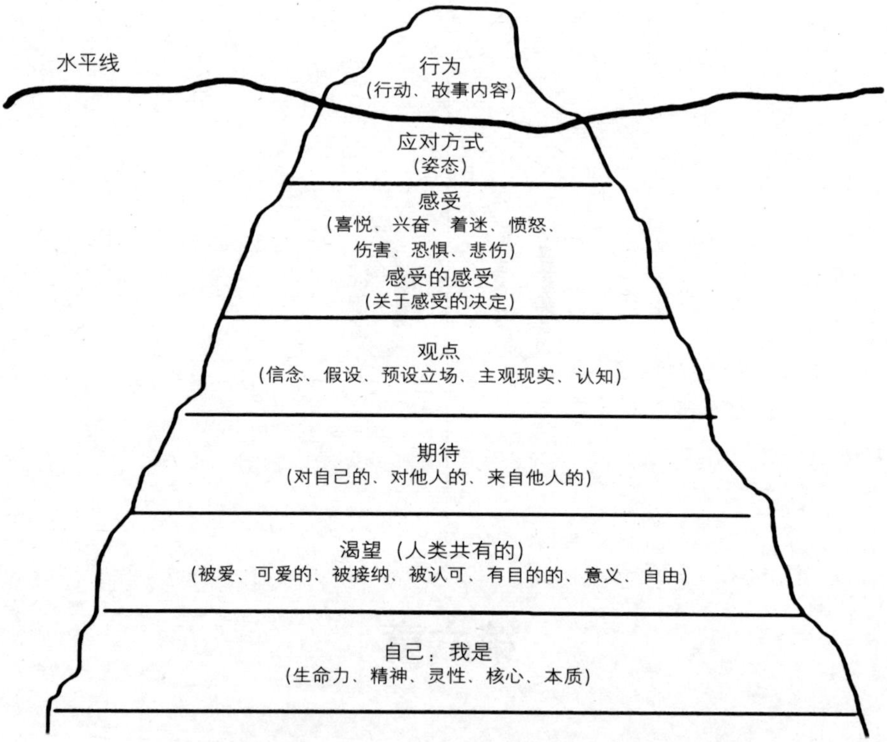

冰山是内心系统的隐喻，冰山是理解一个人内心的地图。能够被外界看到的行为表现或应对方式只是露在水面上很小的一部分，而暗涌在水面之下的更大的山体，则是长期被压抑并被我们忽略的“内在”。

冰山有以下7个不同的层次。

❶ 行为

行为是冰山最上端露出水面的部分，是我们通过感官可以直接体验到的内容。我们看到的、听到的、触摸到的内容，我们做了什么。

❷ 应对

应对就是对事物的反应态度，也是沟通模式。我们对压力选择如何回应或反应。应对是冰山的水平线，包括指责、讨好、超理智、打岔。

❸ 感受

感受是我们在经历事件的时候所产生的情感体验，每刻都存在，比如生气、害怕、轻视、疼惜、委屈和嫉妒等。感受被体验到并被命名的时候，就是我们所说的情绪。

❹ 观点

观点是存在于我们大脑里的认知，包括想法、思想、信念、规条、价值观、人生观、解释等。这是我们基于现在和过去的经验产生的念头，是我们思考的内容，是我们认识世界的规则，而不只是此刻所见所闻的事实。

❺ 期待

期待是想要什么，想怎么做。当我们没有得到想要的时候，我们就可能会一直抱守着那些未满足的期待，消耗着自己的能量。包括对自己的期待、对他人的期待、他人对自己的期待。

❻ 渴望

渴望是人类共通的需要，是人类生存的基本需要。马斯洛曾发展出需求层次理论，阐述了人类普遍的需要：吃、喝、睡、性等基本生理需求，安全感需求，归属感的需求，爱的需求，尊重的需求，自我实现的需求。

渴望对我们每个人来说都是非常重要的。不管是孩子，还是成人，我们渴望的是：爱与被爱、自由、尊重、认可、关注、接纳、有价值、安全、有意义等。

当渴望得到满足的时候，就会体验到希望、和平、喜悦、平静等美好的东西。当渴望没有得到满足的时候，就会体验到痛苦、哀伤、难过。

❼ 自我与真我

自我是别人对“我”的评价，自我也是“我”对”我”的评价，自我是一种评判，是一个标签，比如人们会根据金钱、名声、学历、健康、外貌、分数、成就、房子等来评价自己。一个人说：“我在北京、上海都买房了，所以我是一个成功的人！”那么，这个人就是把自己拥有的房子和金钱当成了自己，他所说的不是自己的真我，而是自我。自我的特点是恐惧、纠结、匮乏、贪婪，求生存。自我决定了我们与自己、与世界的关系。自我所有的行为不过是想证明自己的价值（包括希望从别人那里获得证明）。

真我是自己的本质、核心、中心。真我的特点是无条件的爱、和平喜悦、丰盛富足，高能量的生命状态。真我与外在的房子、金钱、学历、健康、成绩无关。身心一致就是与生命力共振，与真我一致。

倾听自我还是倾听真我

▼

你的内在总会有两个声音，一个是自我的声音，一个是真我的声音。通常，对于一般人来说，自我的声音会大很多。真我的声音是非常安静的，是你内在智慧的声音。这两个声音之间有巨大的差别。

当你听到自我的声音时，你会感觉到混乱，有情绪产生，身体不舒服。比如，你在说别人坏话或指责孩子的时候，你的肠胃翻腾、身体难受，你做事情也变得非常费力，非常艰难。

当你听到真我的声音时，会觉得肠胃非常平静，而且身体感觉非常好。比如，孩子犯错误了，你接纳孩子的时候，一切都变得轻松不费力。

有一个大学生问我："考什么专业的研究生最好？"我告诉他："问问你的内心，倾听一下真我的声音，你真正想考的是什么？"

如果是出于自我的选择，就会犹豫不决，遇到困难会退缩、拖延。如果是真我的决定，就会毫不动摇地行动，坚持到底，任何困难都阻止不了真我的意图。

真我的潜能是无限的，自我喜欢人为设限。自我的观点、情绪和期待，就像一块块石头挡住了连接真我的路。

我们不缺智慧，缺少的是觉察自己的真相，发现真我。

为了活出真我，我们要时刻觉察自己的冰山，倾听真我的声音：

当我恐惧的时候，是什么阻碍了我？

当我退缩的时候，是什么干扰了我？

我能够不执着自己的观点，只是去感受事物的变化吗？

我能够倾听孩子的内心，发现闪光的生命力吗？

我能够停止杂念，连接自己的内心吗？

我能够聚焦助人的人生使命，永不放弃吗？

读懂自己的内心

▼

养成随时觉察内心的好习惯，练习进入自己的内在，探索自己的“冰山”，觉察“冰山”的各个层面发生了什么。

比如，如果有人来到你身边，对你说：“你的衣服好漂亮、非常适合你，你很美！”你会有什么感受呢？很高兴。你现在在想什么呢？“我很美，我的朋友会欣赏我的美丽，这个世界很好。”你会有什么期待呢？“我的期待都被满足了，自我价值感高。”

如果有个人跟你说：“你的衣服怎么这么难看，这种颜色搭配很不协调！”你的内心会发生什么？我们可以来分析一下。

事件：有个人跟我说：“你的衣服怎么这么难看，这种颜色搭配很不协调！”

行为：我远离他，不跟他说话了。

应对：打岔、指责。

感受：受伤，难过，孤独。

观点：这个人不懂得欣赏；我选的颜色不好；我没有审美眼光。

期待：他应该说我的服装好漂亮。

渴望：接纳，欣赏，认可。

自我与真我：自我感觉不好，低自我价值感，低能量，内心产生“我是一个不懂审美的人”的想法。

如何倾听孩子

▼

很多家长误以为沟通是表达自己的想法，是说话。实际上，亲子沟通的核心是倾听，只有听懂孩子，才能理解孩子内在的渴望、期待、感受、观点、自我、真我。

当家长倾听孩子说话时，要和孩子核对确认。“你的意思是这样的吗？你是不是想说……？还有要补充的吗？我可以讲一下吗？你说完了吗？”

为什么家长很难倾听孩子？主要有以下3种原因。

❶ 有评判

家长不愿意放下自我的观点，总是认为自己是对的。

站在孩子的角度倾听，才是真正的倾听。孩子看起来、听起来、感受起来是什么样子？孩子如何理解事情？孩子赋予了事情什么意义？

❷ 有期待

家长期待孩子听自己的，期待改变孩子，这不仅阻止了我们倾听孩子，也阻止了我们倾听真实的自己。家长越想改变孩子，孩子越对抗。

❸ 有情绪

如果家长内心感到恐惧、担心、焦虑，这些情绪就会把家长的内心装满。孩子说什么，家长都听不进去。

如何真正地倾听孩子？可以参考以下3点。

❶ 做到无我

放下自我，清空自己的头脑，保持中立，不带任何情绪、偏见、解释、评判。

❷ 安住当下

让自己在当下扎根，从倾听自己的身体和走“冰山”开始练习。

❸ 完全从孩子的角度去倾听

无我才能做到真正地倾听，清空才能真正地倾听，对孩子拥有无条件的爱的家长才愿意真正地倾听。

发现真我，连接真我

▼

一个家长参加我的工作坊后，她探索了自己的“冰山”，以下是她的探索过程。

发现真我

事件：班主任总在女儿的作业本上写评语："书写太差。"今天甚至写了："书写太差，不批！"

行为：我帮助女儿写作业，同时也给孩子讲道理，要求她细心地把作业写整齐。

应对：背地里指责老师；对孩子指责，讲道理。

感受：愤怒、厌烦，心疼孩子，无奈、无力。

观点：老师不应该留那么多作业，不应该总是批评、打击孩子，更不该在本上写"不批"这样的气话、狠话。我已经和老师沟通过她写不好的原因，请她耐心等待。她应该理解孩子的状况，不应该一如既往地打击孩子。

期待：老师能鼓励孩子，情绪平和地对待孩子、尊重孩子，保护孩子的自尊心，给孩子成长的时间。

期待自己更有力量面对老师，直接告诉她我的想法和要求。期待女儿内心强大，不被老师伤害，可以轻松地写字和学习。

渴望：爱、理解、尊重、认可、快乐、轻松、有力量。

自我：我是一个不合格的妈妈，是一个喜欢生气的妈妈，是一个教不好女儿的无能的妈妈，是一个没有力量面对老师的妈妈。自我价值感很低，处于低能量状态。

妈妈的真实渴望并不是抱怨、指责老师，而是希望老师爱孩子，理解、尊重孩子，希望孩子健康、内心强大、自信、乐观、成功。那么，妈妈的“冰山”最底层的真我是什么呢？

真我：爱、理解、尊重。爱孩子，爱自己；理解孩子，理解老师；尊重孩子，尊重老师。

如果清楚内心深层的渴望，清楚自己的真我，就会明白只看“冰山”表层的言行、沟通模式、感受、观点、期待，去下结论、去行动是非常危险的事情。家长一定要发现自己的真我，出于真我去教育引导孩子，出于真我去面对老师才有效。

连接真我

我站在“冰山”的最底层：首先静心，觉察、深呼吸、停止杂念；其次进入内在，用心感受生命能量在身体里面的流动，活在当下；然后连接上生命力（清楚真我意图），感觉到高能量、高自我价值感之后，再回看“冰山”。

我看着自己对老师的期待，问自己：“这是谁的期待？老师会因为我的期待而做出改变吗？”答案是她不会为我而改变，而我是有选择的，因为我学习过走“冰山”，所以我选择放下对她的期待。

再看看我对女儿的期待，我问自己：“这是谁的期待？她能做到吗？”答案是一样的。所以我选择放下对女儿的期待。

看看对自己的期待，我可以满足自己的期待。当我和真我连接时，我是有力量的，我做得到。

于是“冰山”的期待这一层消融了。

再回看观点：这些观点是“愤怒的妈妈”发出的。当我站在“冰山”的最底端和真我连接，消融了期待，再看这些观点，我可以换位思考了，我理解老师的做法了，她没有心灵成长，她从她的立场出发，她已经尽最大的努力来教育学生。我要求她做个完美的老师，这对她是不公平的。当我想到这些，“冰山”里的观点这一层开始消融了。

此时再看感受，那些负面的感受也已经不复存在了。

所以现在我的行动是：做好自己能做的，给女儿力量，和她一起成长，接纳和理解老师。

提示

连接真我的体验是什么？

柔软的，充满爱的，温暖，真实，身心合一，中正；扎根连接，灵性流动；没有期待，没有杂念，没有情绪；顶天立地，敞开连接，承受冲击；进入内在，与心连接；接纳尊重，好奇。

连接真我的方法有哪些？

觉察“冰山”、走“冰山”、静心、冥想、站桩、听音乐，到大自然里去，与孩子接触，散步、写文章等。

读懂孩子的内心，发现孩子的真我

▼

发生了让自己或让孩子产生情绪的事情之后，家长应该马上进入内在，觉察自己的内心发生了什么，孩子的内心发生了什么。只有不断地这样练习，才能准确地读懂孩子的内心。

家长问自己8个问题，探索自己的内心和孩子的内心

事件是____________________

行为是____________________

应对是____________________

感受是____________________

观点是____________________

期待是____________________

渴望是____________________

自我与真我是________________

案例：晚上孩子放学回到家，一进门就开始玩手游。

❶ 家长的“冰山”

事件：孩子一进门就开始玩手游。

行为：我站在孩子的旁边，大声说教：“你这个不知道上进的东西！”

应对：我一开始指责他，然后超理智地给孩子讲一堆关于手机危害的大道理。

感受：我感觉生气、着急、担心。

观点：我认为孩子放学回到家，首先要写作业；长时间玩手游对孩子的健康不利，也会影响学习。

期待：我期待孩子有一个有效的学习习惯，有一个健康的生活习惯。

渴望：爱、被认同，被尊重。

自我：当孩子不听我的话的时候，我感觉我是不合格的家长，我真失败，我很没用。与自己的真我失去了连接。

❷ 孩子的“冰山”

事件：放学回到家，我刚开始玩手游，妈妈就骂我：“你这个不知道上进的东西！”

行为：我把自己的房门关上，继续躺在床上，拿着手机玩游戏。

应对：打岔，暂时逃避一下学习压力，逃避作业。

感受：一开始是放松、快乐。家长指责、说教，就感到烦躁、生气，纠结。

观点：今天学习太累了，终于可以放松一会儿了，还是游戏好玩。家长总是影响我，不让我轻松。反正我也被说了，干脆继续玩下去，否则就对不起自己，玩到12点比较好。

期待：游戏能够减压；家长别干扰我；自由地玩一会儿游戏，再好好学习。

渴望：轻松自由，开心地玩、开心地学、被家长理解、被家长肯定。

自我：我是一个无助的、不开心的、不被理解的人，与真我失去了连接。

❸ 发现孩子的真我

孩子的渴望是轻松自由，开心地玩、开心地学、被家长理解、肯定。

如果家长能够看到孩子真我的渴望，那么还会骂孩子“不知道上进的东西”这句话吗？肯定不会了。家长会对孩子说：“今天上学很累吧，先好好放松休息一会儿。”家长如果理解和尊重孩子，孩子就不会产生情绪，也不会有消极的想法，并且会有高自我价值感。孩子会自尊、自信、自律，为自己负责。

透过孩子的行为，看到孩子的真我

▼

大多数家长只关心孩子的分数、成绩，看到的只是孩子“冰山”表层的行为或问题，家长看不到孩子的内心，看不到这个美好的人，看不到闪光的真我，所以孩子感受不到父母的爱，感受不到自我价值。

家长要区分行为与人，人才是最重要的，要关注孩子的内心，关注孩子的感受，透过行为看到孩子闪光的真我。

有一个高一的孩子已经辍学半年了，家长再次强迫孩子去上学，孩子和家长发生了冲突，家长把孩子玩游戏的电脑给砸了。

发生这次冲突之前，孩子已经多次释放过危险信号。

孩子：玩都玩不痛快，活着还有什么意思？！

家长：你不上学，也不写作业，还想玩游戏？

孩子：你就让我痛快地玩玩游戏吧，反正我的时间也不多了。

家长：你写完作业就让你玩一会儿。

孩子：你们两个也赶紧离婚吧，整天吵架，多没劲！你给我点钱，最后这两天，就让我痛快地玩吧。

孩子说完就转身离开了家。家长很焦虑，给我打电话，问他们该怎么办？

我告诉这位家长："孩子这个人都要没了，写作业还有什么用？你赶紧给孩子多发一些红包，告诉他找朋友一起痛快地玩吧。然后，赶紧去把孩子找回家！"

家长只关注孩子的学习和成绩，看不到孩子内心的痛苦，听不到孩子真我的声音。孩子感觉不到父母的爱，孩子的心里没有温暖，哪还有心思去学习呢？这种情况下，家长用语言刺激孩子是非常危险的。

幸运的是，家长把钱发给了孩子，及时找到了正在河边徘徊的孩子。后来，孩子跟我说："当时，我都已经准备不活了，活着太压抑了！"

孩子真我的渴望是自由、被认可、被尊重、被爱。

第三部分

沟通点醒内心

亲子沟通19条

07

第七章

孩子不愿意听家长说话，责任在家长，家长先要改变自己的沟通方式，孩子才会改变。家长只有这样自我反思，才会进步。

觉察19种亲子沟通误区

▼

觉察是改变的开始

孩子不愿意听家长说话，责任在家长。家长先要改变自己的沟通方式，孩子才会改变。家长只有这样自我反思，才会进步。

如果家长认为孩子不听话，是孩子的错，家长的沟通水平就不会进步，孩子也不会改变，改变的第一步是对自己的沟通方式有觉察。

有些家长在沟通表达的时候，语言不准确、不清楚，所以孩子听不懂家长的话。家长要换一种孩子能听懂的方式来说，只有这样，家长的沟通水平才会提高。

比如，听一个家长讲了30分钟，我不知道他要说什么，我问他："你想说什么?"他说："我也不清楚想说什么。"这个家长的沟通模式是打岔模式，只有先觉察自己的沟通模式，然后才可以改变。

超理智的家长喜欢说教、给孩子讲大道理，觉察到自己是超理智类型家长之后，如何改变呢？当家长替孩子说出他的心里话的时候，孩子的内心就会和家长产生共鸣，感受到家长的理解。孩子会非常愿意跟这样的家长交流，因为他感觉到家长真正理解了他，孩子甚至感觉家长比自己还理解自己，所以家长说的话会拓展孩子的觉察，点醒孩子的内心。

觉察是改变的第一步，家长先觉察自己的沟通模式和沟通习惯，然后才能改变沟通模式。因为人是习惯动物，没有觉察就会被习惯控制。

下文将介绍家长经常出现的19种沟通误区。

应用“19条”改善亲子沟通

如果家长出现下表中左列的19种沟通方式，就说明家长和孩子之间没有良好的沟通。这些沟通方式会导致亲子矛盾，甚至会让孩子出现心理障碍。家长要减少左列的沟通方式，增加右列的沟通方式。

亲子沟通19条	
不是爱（要减少）	**是爱（要增加）**
1. 指责、纠错	1. 欣赏
2. 强迫	2. 接纳
3. 控制	3. 尊重
4. 惩罚	4. 赞赏
5. 催孩子	5. 耐心
6. 说负面的语言	6. 说正面的语言
7. 刺激孩子	7. 鼓励
8. 否定孩子	8. 肯定
9. 质问孩子	9. 信任
10. 超理智	10. 同理心

（续表）

11. 做老师	11. 做父母
12. 讲大道理	12. 引导
13. 给建议	13. 点醒
14. 带着评判沟通	14. 纯粹的沟通，没有评判
15. 争辩	15. 平等分享
16. 唠叨	16. 少说多听
17. 干扰孩子	17. 尊重孩子
18. 讨好	18. 温和地坚持原则
19. 打岔	19. 用心关心

不要以爱的名义伤害孩子

在做家庭教育的过程中，我见到太多的家长以爱的名义去伤害孩子、控制孩子，试图改变孩子，为了达到自己的目的，完全忽视孩子内心的感受，不把孩子当独立的生命体对待。结果可想而知，孩子的心理、行为问题越来越严重。

一个初中女生不能去学校了，医院诊断她患了重度抑郁症，她多次说："活着没意义，不想活了。"她的父母都非常强势，父亲的沟通方式是指责型，母亲的沟通方式是超理智型，孩子在家庭里面没有自己的心灵空间，活得紧张、压抑，没有自由，也不被尊重。

妈妈对孩子说："我们要求你好好学习，都是为了你将来好。"

孩子回应道："我每天生活得不快乐，现在我都不想活了，我也不想再成为你们的负担了。"

妈妈一方面很担心孩子会出事，另一方面还在问孩子："你的作业写完了吗？你不上学，将来怎么办？”

孩子告诉家长：“如果你们再让我写作业，我就跳楼。”这个孩子真的绝望了。

家长带着她来找我做心理辅导。孩子来到咨询室，她低着头坐在椅子上，一言不发。

我问她：“通过今天的沟通，你想达到的目标是什么？”孩子还是沉默。

我告诉她：“以前，我有一个学生，在学校里，老师和同学都不理解她；在家里，父母很强势，喜欢说教，强迫她努力学习。她为了讨好父母，压抑着自己，最后她实在受不了就辍学了。在精神崩溃之前，她被送进了精神病院。”我发现孩子的脸上已经眼泪纵横。

孩子开口说道：“我现在活不下去了，大人们天天说写作业，天天说学习！……”

当我说出“你对大人们感觉很失望，甚至有些绝望了”这句话时，她对我点点头。

父母听到孩子的心声，非常震惊，妈妈流着眼泪，说：“没想到我们的爱把孩子伤得这么深！”幸好家长及时觉醒了，开始学会尊重、理解孩子。孩子经过一年多的心灵成长，也逐步康复了。

当然，这是一个幸运的家庭。而有些家长不愿意改变自己，固执地坚持下去，最后导致惨剧发生。

为什么家长会以爱的名义去伤害孩子？根本原因是家长没有活出真我，家长被自己的小我（自我）控制了。

家长认为自己不够好，所以，家长就需要孩子来满足自己的期待，需要用孩子的所谓成功来证明自己的价值，即“你要满足我的期待，达到我的要求，你学习好了，我就爱你；你学习不好，就指责你”。这是自私的爱，表面上是为了孩子好，实际上是为了自己。孩子只接收到了压力，没有感受到爱，孩子感觉到家长只关心分数，不关心自己。一些家长对孩子的爱，是从自己的角度出发的。

我见过成千上万的家长和孩子，到目前为止，我还没见过一个家长改变孩子成功了。一个人无法改变另外一个人，除非他自己愿意改变。

什么是爱，什么不是爱

在一个大雪纷飞的晚上，有一位母亲发现门外有三个老人：“爱”“美丽”和“财富”，她请他们进到屋里取暖。三个老人说：“我们三个只能进去一个。”母亲回到房子里和家人商量。父亲认为应该让“财富”进来，母亲希望“美丽”进来。孩子说：“我们家有爱不是挺好的吗？”父亲和母亲都很同意，于是让“爱”进来了，却发现“美丽”和“财富”都跟着进来了……只要有爱就会有财富，就会有美丽。

“亲子沟通19条”表中，左列的沟通方式都不是爱，右列的沟通方式才是爱。

❶ **指责、讨好、超理智和打岔都不是爱**。身心一致，尊重、接纳、理解、中正是爱。

❷ **恐惧、担心、愤怒、内疚、自责不是爱。**和平喜悦、感恩、宽恕是爱。

❸ **有条件的爱、功利心、期待回报不是爱。**家长对孩子无条件的爱是真爱。

❹ **控制，惩罚不是爱。**爱是允许，爱是给对方自由。

爱是让孩子做自己，走自己的路。

妈妈对孩子说："你写作业，妈妈爱你；你不写作业，妈妈也爱你。"

家长真爱孩子，孩子自己变好

家长唯一的任务就是真爱孩子，这样孩子的内心才会强大、自信、自律。

家长如何变得有爱

首先，要觉察自己的沟通方式对孩子的伤害，觉察自己内心的情绪，觉察自己出于担心、恐惧、愤怒对孩子的不接纳、控制。

然后，连接自己的内心，保持最佳的父母状态，用真我面对孩子，不用自己的小我（自我）和孩子互动，同时也不和孩子的小我（自我）互动，家长用自己的真我唤醒孩子的真我，这是用心育心。

家长有真爱，家庭有温暖。家长在与孩子沟通时要做到真诚、理解、肯定、接纳、尊重、信任、宽恕、感恩。这样即使孩子出现了问题也没事，他会自己主动变好。

在孩子中考或高考之前，家长要慎重说话

一个学生在演讲比赛之前，做好了充足的准备，充满自信。马上就要登台了，家长说："不用紧张！你肯定能拿第一！"孩子听完家长的话却开始紧张，结果演讲失败了。

家长要多倾听，少说话，慎重说话，把话说对。很多家长喜欢说下面这些话，但是这些话可能对孩子有消极的影响。

比如：

- 加油！爸爸妈妈等你成功归来。
- 祝你成功。
- 记住你的目标，成败在此一举。
- 我们家孩子模拟考试次次都很棒，考名校没有问题。
- 把题看仔细，认真答题，千万不要有任何大的疏漏。
- 现在检验你复习好坏的时刻来了，你要好好把握。
- 再坚持一下，好好把试考完，你和爸妈就都解放了。
- 同样是人，我就不信我家孩子比别人家的差。
- 爸爸妈妈这么辛苦都是为了你，你一定要争气，要有出息。
- 考不上爸爸妈妈也不会怪你，明年我们还可以复读。

这些话，在孩子中高考之前，家长最好别说。

指责型沟通

▼

指责纠错

家长的指责像尖刀一样，直接伤害孩子的内心，让孩子自卑，失去价值感，没有安全感，同时还伤害亲子关系。

家长不能说伤害孩子自尊的话，也不能说让孩子焦虑的话。家长指责孩子，孩子就很容易失去学习动力。

一个小学五年级的孩子，数学考了95分，全班第一，她特别高兴，拿着试卷给妈妈看，“妈妈，我考了95分”。妈妈看到试卷后，冷冷地说了一句话：“为什么错了5分？”孩子变得更加努力了。第二次考试，她得了100分。“妈妈，我考了100分！”她兴奋地跑到妈妈面前。妈妈看到试卷后，问：“为什么语文不是100分？”时间一长，她开始厌学。上中学之后，她不努力学习了，成绩一落千丈。这就是指责型的妈妈，喜欢挑错，忽视了孩子内心的感受。

家长的指责让孩子逆反，甚至报复家长。

一个高三的男生，考试成绩每科都是0分。班主任急坏了，通知家长：“孩子需要找心理咨询师，他把全班的平均分都给拉下来了。”

妈妈带着孩子来找我咨询。原来孩子一模考得也不好，排名中下等，爸爸就开始指责孩子不努力学习，他和爸爸发生了争吵，爸爸顺手拿起桌子上面的一杯水，直接浇在了孩子的头上。

从此以后，父子两个人就不说话了，二模考试的时候，他不答题是为了打击报复爸爸，每张试卷上只写一个名字，高考的时候他也准备这样做。

他有一个指责型的父亲，通过他的表情，我可以感觉到，他特别恨他的父亲。

我：爸爸浇了你一杯水，是为了你好。

孩子（睁大了眼睛、疑惑地看着我）：不可能。

我：他是为了让你清醒，他是想用一杯水点醒你的内心。

孩子：他是用一杯水给我火上浇油！

……

沟通完，孩子的表情开始放松一些了，之后的每周他都来找我做心理训练，让我帮他调整到最佳考试状态，开发潜能、快速提分。尽管父亲的教育方式让他很难接受，但是通过换位思考，他也逐步地理解了父亲的苦心。

高考的时候，他发挥出色，比自己平时的成绩多考了60多分，被一所很好的大学录取了。

家长在指责孩子前可以问自己三个问题：

❶ **指责孩子有用吗？**大多数情况是没用，只能恶化问题。

❷ **指责的时候，真的开心吗？**你一时情绪的发泄，破坏了自己和孩子之间的关系，之后会后悔。

❸ **一般在什么情境下会指责孩子？**提前准备好，有意识地提前预防。

家长要变指责为负责。“孩子让我生气了”变成“我选择生气，我生气和孩子的行为无关”。如果我们能看到，心情都是自己的选择，改变就开始发生了。

连接内心真正的意图，看到指责背后深层的意图往往是爱，是关心。要由心出发，对孩子表达感激和欣赏，每天发现孩子三个优点。

强迫

一个高三的孩子不愿去上学，家长来找我咨询。

我：不能强迫孩子，要尊重孩子才行。

家长：我很尊重孩子的选择，给他选择的自由，可他还是不上学！

我：你是怎么做的？

家长：我给了他两种选择。一种选择是回学校上学；另一种选择是如果不上学，就去市场摆摊挣钱。

我：结果呢？

家长：孩子既不回学校上学，也不去摆摊，只是在家里面打游戏。

我：这两种选择其实都是强迫孩子，结果就会适得其反。

很多家长强迫孩子，不尊重孩子，但是还认为自己做得很好，这就是没有觉察。家长要觉察自己的起心动念，觉察自己说的每句话，觉察自己的状态是不是达到了最佳父母状态。

为什么孩子的问题会恶性循环？我们可以从下面这个案例中看看问题的根源。一个四年级孩子把妈妈打了，妈妈哭着来找我做个案辅导。

我发现家长的逻辑是这样的：孩子磨叽、拖延不写作业—家长指责批评孩子，强迫孩子学习—孩子开始厌学，问题加重—家长更严重地指责批评、说教打骂—孩子更严重地逆反，不去上学—家长开始讨好孩子—孩子把妈妈给打了。

家长：孩子有问题，如果不管，问题就会更严重，实在不行，就让孩子去医院治疗吧。

我：教育家陶行知给学生上过一堂课，他按住一只公鸡的头，强迫它吃米，可是公鸡只叫不吃。他掰开公鸡的嘴，把米硬往里塞，公鸡拼力挣扎，仍然不吃。最后他放开公鸡，自己后退几步，公鸡却啄起米来。强迫孩子学习，是没有用的。最好的教育是自我教育。

控制

家长经常说，不管孩子就是纵容孩子，是溺爱孩子，家长过度管孩子就是控制孩子。哪里有控制，哪里就有反抗。

刚开学不久，一个父亲特别着急来找我，儿子刚上初二，就玩游戏上瘾了，已经两周不去学校了。

我：你是怎么跟孩子沟通的？

爸爸：我给他讲道理，第一，你经常玩游戏，会导致心理疾病；第二，会浪费时间；第三，会伤害你的眼睛；第四，玩游戏会考不上大学，将来没有出路。

孩子：考不上大学，即使扫大街，我也要玩游戏，反正我就是不去学校。

爸爸：然后我就打他，他就跑到屋子里面，把门一关不出来了。打不管用，我就抢他的手机，他差一点就动手打我了。

我：既然控制孩子没有用，你可以选择信任孩子，让他享受玩的过程，让他开心地玩。

爸爸：那他要是一直玩下去怎么办？

我：你继续控制孩子，也是可以的，结果就是孩子游戏上瘾，我会尊重你的选择。

爸爸：那我试一试。

我：很多家长和您一样，表面上假装尊重孩子、信任孩子，内心还是不接纳孩子，这是没有用的。表里一致的信任才有用。

孩子开心地玩了2个月，最后自己说不玩了。我问孩子：“为什么不玩了？”他说：“玩够了，没意思，还浪费钱，花了两千多，玩游戏太浪费钱了。”

孩子为什么会玩游戏上瘾？因为他在学习上没有成就感，只有恐惧感。家长越控制他，他越恐惧，对游戏越上瘾。

家长认为，一个刚蹒跚学步的婴儿到处跑不安全，还容易摔跤。所以，家长把孩子放在儿童车里面。小孩已经3岁了，他还坐着车，因为他还不会走路。

家长认为对的，也许对孩子来说却是一味毒药。

惩罚

惩罚不是爱。

一个小学五年级的男孩，天天在学校打架，老师拿他没办法，他成了学校的小霸王。为什么呢？因为他爸爸是“摔打型的爸爸”。比如，幼儿园的时候，他骑自行车摔倒了，爸爸很生气，踢他两脚，“看你把自行车摔坏了”，这就是先摔后打。

上小学了，他期中考试没考好，妈妈用针扎他，说“让你长点记性”。孩子感受不到家长的爱，内心充满愤怒和仇恨，天天在学校打架。

班主任快被这个小霸王逼疯了，让家长找我咨询，家长表示一定要改变。爸爸回到家跟儿子说：“老师说了，要把孩子当成朋友，平等对待，以后咱俩就是好朋友。”儿子吃惊地瞪着两眼：“我可不敢拿爸爸当朋友！”爸爸接着说：“敢不跟我做朋友，小心我扇你。”

一个7岁的孩子，晚上不写作业，妈妈说他，他也不听，妈妈随手就打了他两巴掌。孩子说："你打死我吧！"妈妈生气地说："你死去吧！"孩子去找了一把水果刀，把刀放在自己的喉咙位置。妈妈吓坏了，只好说"不写就不写吧"。

妈妈来找我咨询："孩子刚7岁就这样，长大了怎么办啊？"原来，她对孩子学习方面要求很严格，因为孩子不写作业，已经打骂孩子好几次了。我告诉这位妈妈："惩罚不是爱，不爱学习的孩子，都是被惩罚出来的。"

惩罚孩子的"错误"行为，不仅不能让孩子清楚正确的行为，往往还会强化错误的行为，所以家长要肯定孩子的优点才好。

有研究表明，父母经常打孩子，会让孩子的智力有所下降，但是80%的家长都会去打自己的孩子。

催孩子

有很多家长喜欢催孩子。一个孩子刚上小学一年级，他妈妈就得了焦虑症。她是一家企业的管理者，是一个追求效率的人，什么都追求快——头脑快、走路快、说话快。

最让她崩溃的是，孩子做所有的事情都慢。早上，孩子慢悠悠地刷牙，她就受不了，开始催孩子："你太慢了！你快点！你要抓紧时间，要不就迟到了！"

由于孩子动作慢，两人之间经常发生亲子冲突。

妈妈：我刷牙的时候，一边用茶杯接水，一边挤牙膏，牙膏挤好了，水也接好了，这样就可以节约几秒钟。我上学的时候，刚放暑假的第一天和第二天，我就是不睡觉也要把所有的作业写完。

我：你的优点是快，孩子的优点是稳，做事情有耐心。

妈妈：孩子起床慢、穿衣慢、吃饭慢、写作业慢，太慢了！每天早上我与孩子之间都要发生一场战争。

我：家长不催孩子，他的内心就会慢慢地平静下来，自己调整。但是，如果家长着急，孩子就不会有主动的改变。你不动，他才动。

说负面的语言

家长要学会转化，把负面、消极的语言转化为正面、积极的语言。

清朝的曾国藩曾多次率领湘军同太平军打仗，可总是打一仗败一仗，特别是在鄱阳湖口一役中，连自己的老命也险些送掉。他不得不上疏皇上表达自责之意："臣屡战屡败，请求处罚。"有个幕僚建议他把"屡战屡败"改为"屡败屡战"。这一改，皇上不仅没有责备他屡打败仗，反而还表扬了他。"屡战屡败"强调每次战斗都失败，成了常败将军。"屡败屡战"却强调自己对皇上的忠心和作战的勇气，虽败犹荣。这就是沟通的艺术，同样的事情，不同的语言，效果就不同。

一个孩子一边写作业，一边看电视。家长对孩子说："你看看，学习的时候还看电视，你这就是三心二意，学习不专心。"孩子马上就不高兴了，把笔往桌上一扔，不写了。

同样的情境，另外一个家长可能这样对孩子说："看看，看电视的时候还可以专心学习。"孩子听了很高兴，看了一会儿就不再看电视了，开始专心写作业。

这就是我们中国传统文化《易经》的智慧，阴阳是对立统一的，阴中有阳，阳中有阴，阴阳是可以相互转化的。坏事也可以转化为好事，关键是家长要有智慧，要学会转化。

刺激孩子

家长不要说一些刺激孩子、打击孩子的话，否则很危险。

某所重点中学的一个高二男生期中考试没考好，吃晚饭的时候家长开始批评孩子，孩子当时就不吃饭了，用手指着窗户说："你们再说，我就跳下去。"爸爸继续批评孩子。这个孩子直接冲过去，撞破了阳台的玻璃，从9层楼跳了下去。

类似的惨剧时有发生，真的非常让人心痛！最让人心痛的是，这种悲剧本来是可以避免的，家长只要学会理解孩子、改变沟通方式，孩子的人生就会改变。家长一定要清楚，是生命重要，还是分数重要。

但愿这种悲剧永远都不再发生。对家长来说，改变沟通模式就能改变孩子的命运。

一个家长找我咨询，家里有两个孩子，哥哥上初二，13岁了，弟弟才3岁。哥哥现在不去学校，在社会上面混，整天去网吧玩游戏。

一次，爸爸又开始对哥哥说教，哥哥急了，他用手指着弟弟对爸爸说：“你再说，我就掐死他！”爸爸气得够呛，说：“你敢！你掐啊！”

一次，哥哥拿着水果刀削苹果，爸爸又开始说教，讲学习的大道理，他拿着刀对着爸爸说：“你再说，我就扎你！”爸爸说：“你扎啊！”

我跟这位父亲说：“千万不要刺激孩子，太危险了！事不过三。以后要理解、尊重孩子，孩子才会改变。”

否定孩子

有些家长喜欢否定孩子，经常说“不要……”。这种类型的家长特别多，很擅长挑孩子的毛病，比如经常对孩子说：不要吃零食，不要玩手机，不要玩游戏，不要看电视，不要睡懒觉，不要吃垃圾食品，不要迟到，等等。

孩子的潜意识经常是排斥“不”字的，家长对孩子说“不要玩手机”。结果过了一段时间，孩子反而迷上玩手机了。

比如，孩子在教室里面大喊大叫，非常吵闹，老师也跟着大喊：“不要闹，不要吵！”结果孩子会更闹、更吵。

没有智慧的人喜欢说“不要”，有智慧的人聚焦自己想要的。

质问孩子

当孩子失败、犯错的时候，是孩子内心最脆弱的时候，这时候孩子最需要家长的理解和鼓励，但是有些家长就喜欢在这种时候质问孩子。

比如，孩子数学考了50分，沮丧地回到家。家长说："你说说吧，为什么错了50分？为什么这么笨？"孩子的潜意识思考的都是考砸的原因——自己很笨。最后，找到自己很笨的100个证据，然后就自暴自弃了。当孩子失败的时候，不要问"为什么"，否则会把孩子引入失败的状态。

这种情况下，家长可以问孩子，你是如何做对50分的？这样孩子的潜意识就放在如何变得更好上面了。

当孩子成功的时候，可以问孩子："你是如何做到的？"

家长有智慧的提问能让孩子开悟，而错误的提问则会把孩子引入深渊。

练习

家长可以用积极的内部对话替代消极的内部对话，先静心，然后在心里面默念10遍"我接纳孩子……我无条件地爱孩子……"

家长要信任孩子，祝福孩子，可以多说"今天你表现很好……"

超理智型沟通

▼

超理智

家长经常给孩子讲大道理，孩子就会感觉自己没有价值。

有一个中学生，她特别烦她的父亲，因为父亲看到什么都能够联系到学习。父亲带着她去逛街，看到一只狗停在了红绿灯前面，父亲说："你看这只小狗多聪明，这就是学习的结果，你要好好向这只狗学习。"她烦得扭头就往回走，压根儿不想逛街了！

过了几天，父亲带着她去超市。在过街天桥的下面，一个乞丐跪在地上，面前放着一个瓷碗，父亲对她说："你看到了吗？这就是不好好学习的后果，如果现在不努力学习，将来就可能扫大街或要饭。"她一听就扭头往家走，不买东西了。

放假了，父亲带着她去公园划船，刚一上船，父亲就开始给她讲成功学，讲"励志鸡汤"。她实在忍无可忍，从船上站起来对她父亲说："你再说，我就跳下去！"

家长如何停止超理智？一要有觉察，在讲大道理的时候，要提醒自己停下来；二要停止用脑，学会用心感受；三要培养自己的同理心。

讲学习大道理

家长讲学习大道理，最终会导致孩子不爱学习。因为孩子小的时候，听不懂大道理，而大了又会感觉烦躁。

在一所寄宿学校，一个高三的学生每次考试后，他爸爸都准时给他打电话，然后针对他的分数，讲一通应该如何学习的大道理，他每次都很生气，越来越无心学习。

我刚开始做教师的时候，特别羡慕那些能够在讲台上一口气讲45分钟大道理的同事。我花了3年的时间，终于学会了讲大道理，结果我发现讲道理没用，学生们不听也不喜欢讲大道理的老师。于是我开始认真研究如何有效沟通。学会了沟通，孩子就喜欢你了。

家长讲的大道理往往不符合孩子的实际情境，还会增加孩子的压力。有道理不如有效果。

给建议

家长在引导孩子的时候，不要直接给孩子建议，可以引导孩子自己选择。

一个男孩考入了国内最好的名牌大学，上了2个月，提出要退学。大学的辅导员让他坚持读完这个学期再做决定，他不答应。辅导员问他为什么要退学，他说这个志愿是父母帮他报的。他的家长急坏了，但是没有用，孩子很坚决，立刻退学了。

后来，又有一个学生要从某所名牌大学退学，家长带着他来找我咨询。我问孩子是什么原因。

孩子：这个志愿是父母选的，所以我不负责。

我：这个志愿就是你的选择。

孩子：不是啊！

我：是你选择听家长的话，是经过你同意的。

他沉默了一会儿，点了点头。他不退学了，开始为自己的选择负责，面对自己人生的困难与挑战。

为什么家长尽量不要直接给孩子建议呢？家长主动给孩子提建议，孩子一般也不听。如果孩子主动找家长要建议，家长可以引导孩子发现自己的答案。

家长给孩子的建议，要么不对，要么对，可是就算给孩子指明了一条正确的路，但走正确的路也会遇到困难。比如，唐僧去西天取经，方向对了，但是也会遭遇重重困难。

当孩子在家长选择的道路上遇到困难的时候，孩子更容易放弃，因为这不是他自己的选择。孩子到时候会说："看看，都是因为听你们的，所以我现在有麻烦了吧。"家长买单，孩子就会不负责。

当家长以直接建议的方式给孩子反馈时，家长就会限制孩子创造力的发展。这样下去，孩子自主解决问题的能力就会停滞、萎缩。

带着评判沟通

很多家长在与孩子沟通之前，就有了自己的观点和评判，带着自己的答案跟孩子沟通，想让孩子听自己的，后果是孩子逆反。

一个10岁孩子的妈妈参加工作坊之后，给我留言："我终于发现孩子为什么逆反了，我嘴上不说孩子了，但是内心还是认为孩子不对，希望孩子按照我的思路去做，所以跟孩子沟通的效果很差，我也很累。"

这就是心口不一，内心有评判。家长要放下评判，保持"空"的状态，保持"无知"、好奇，这样才能倾听、理解孩子。执着于自己的观点，就会导致亲子关系不和谐，缺乏教育的基础。

争辩

一位小学老师在没学习心灵成长之前，总是对自己的孩子讲道理，孩子每次都能抓住妈妈的漏洞，对妈妈的教育不服气。母子之间经常辩论，进而争吵起来。

家长说："你要好好学习，考上好大学，将来才能有一份好工作，才能有幸福的生活。如果你现在不认真读书，将来你的人生就完了。"孩子说："读书没啥意思。"然后，两个人就争吵起来，最后孩子生气地摔门而去。

为什么孩子会说读书没意思呢？因为大部分孩子头脑里对读书学

习的感受是负面的居多。

孩子做得好得不到肯定，做得不好又经常被批评，很少得到鼓励。所以，一提到读书学习，孩子就会条件反射地产生负面感受。负面感受继续积累，孩子就会厌学、逃避读书。

历史上的学习榜样经常是头悬梁、锥刺股，凿壁偷光等。所以，孩子的潜意识会把读书学习与痛苦联系起来了。

现在，这位教师妈妈学习心灵成长之后，更多地关注孩子的情绪，关注说话的过程，理解孩子的感受。和孩子观点不同的时候，妈妈会告诉孩子："我不同意你的观点，但是你很好，妈妈是爱你的。"孩子感觉妈妈变了，特别喜欢妈妈。

家长和孩子争辩，有三种结果：

❶ 家长吵赢了，孩子会口服心不服，心里面窝火，不听家长的。

❷ 家长吵输了，孩子感觉家长说得不对，不听家长的。

❸ 不输不赢，孩子也会生气，不会听家长的。

假如家长每次都赢，会导致孩子没有信心，这样的家长其实输了。

唠叨

家长唠叨、啰唆、长篇大论，孩子会烦躁、逆反。

一个初一的孩子游戏上瘾，考试排名倒数，妈妈每天对他说"别玩手机了，别玩游戏了"，结果越说孩子越上瘾。

孩子的爸爸平时工作忙，也顾不上管孩子，发现孩子的问题之后，他没有批评孩子，而是认真反省自己，觉得自己对孩子的关心不够，孩子小时候没有认真地陪伴孩子成长，和孩子之间的关系也很疏远。

为了改变现状，父亲开始玩游戏，并且和孩子一起玩，有不懂的地方就向孩子请教。孩子在给父亲讲解游戏的过程中，找到了成就感和自信心，心情也变好了。在父亲和孩子一起并肩闯关的过程中，亲子之间有了共同语言，亲子关系也恢复了，孩子愿意听父亲的话。不知不觉，孩子开始写作业了，对学习又恢复了兴趣和自信。

干扰孩子

为什么孩子做事不专注，因为家长经常有意无意地干扰孩子的内心。

一个小学生正在专心致志地写作业，家长在旁边说他太粗心了，有个字写歪了。过一会儿，家长要不对孩子说："那个字写大了，要写小点。"要不又说："做题速度太慢了。"时间一长，孩子就不专注了，注意力出现了问题。

孩子的内心就像一个湖面，家长经常往水里"投石子"，孩子的内心就很难平静，也很难专注。

一个初三的孩子，每天早上上学都迟到。他的爸爸因为每天喊他起床，上班都会迟到半个小时。家长带着孩子来找我咨询。

孩子：每次我想起床的时候，一听到爸爸在那里喊"还不起床，要迟到了”，我就感觉烦死了，不想起床了。

爸爸：那我应该怎么办？

孩子：大早上的不要说话。

我：家长要信任孩子可以按时起床。可以用爱唤醒孩子。比如，早上可以轻轻地打开孩子的房门，家长不用说话，坐在床边用心陪伴孩子1分钟。

两周之后，我问这个家长现在还叫孩子起床吗？家长说：“我不叫他了，现在是他每天叫我，我们都不迟到了。”

讨好型沟通

▼

家长讨好孩子，孩子会形成自我中心，没有同理心。

一个小学生特别聪明，头脑反应很快，每次做题都比同学快，考试成绩也总是班级第一，但是他没有同理心。放学了，年迈的爷爷来接他，他经常大声呵斥爷爷：“你真慢！快点走！”去小朋友家做客，到门口了，别的小朋友都是轻轻地敲门，他总是“咚！咚！

咚！”地大力捶门。

他虽然成绩很好，但是他不考虑别人的感受，完全以自我为中心，对人没有礼貌，为什么会这样呢？因为家里的大人都讨好他，把他当成小皇帝，忽略了培养他的同理心。父母的价值观是只要学习好，一切都好。父母给孩子报了很多课外班，孩子每天补课，还经常打骂父母。家长讨好孩子，孩子就会控制家长。

我辅导过一对讨好型的家长，父亲和母亲都是教育专家，他们从小到大对儿子都特别好，无微不至。孩子从“985工程大学”毕业之后不找工作，每天在家里面玩游戏，让父母每个月给他生活费，如果给得少，他还会打骂父母。

我问这个孩子，你为什么不上班呢？他说：“我们家实在是太好了，哪个单位都没有我们家好，我都不愿意离开家了。”

一天晚上，孩子的父亲焦急地给我打电话，说他自己离家出走了。原来他被孩子打出来了，孩子把门反锁上，让他无家可归了。我告诉他，家长不要讨好孩子，要有原则和底线。

第二次咨询的时候，父亲说：“这几天我心态比较平和，每天在面对孩子的时候都不断地提醒自己，要做到中正，要有原则。孩子要买一双价格很高的鞋，我表示已经超出我的心理价位，拒绝了。他就百般刁难提出非买那双鞋不可，我很平静地告诉他不行。他最后恼羞成怒，乱发脾气，扔东西，我也不理他，后来他就不扔了。第二天他主动从网上挑了一双和我心理价位相当的鞋，我就很痛快地给他付了钱，他也很高兴，我心里感到从未有过的舒服，有一种胜利的感觉。”

如何停止讨好

❶ **家长要尊重自己的内心**。学会表达情绪，对于违反自己原则和底线的事情，要学会说“no”。不能委屈自己，要为自己说句公道话。

❷ **温和地坚持底线**。在涉及安全、健康、道德、法律等原则问题时，要坚持底线、坚持原则。给孩子树立规则意识，培养孩子的敬畏心。

在父母讨好、溺爱下长大的孩子，会觉得别人对我好都是理所当然的，他们不懂感恩，而且经常踩别人的界线而不自知。他们自我价值感低，在关系中容易遇到挫折。家长要对孩子好，但不要讨好。

打岔型沟通

▼

家长打岔，忽视孩子、不关心孩子，就会导致孩子喜欢打岔、低情商。

一个小学生几乎每次数学考试都是满分，还参加竞赛获了奖。小升初的时候，他被当地最好的中学提前点招（选择性招生政策）了。

面试的时候，老师随便问了问他最近做什么了。他说：“我把学校的玻璃给砸了。”老师感觉不对劲，就没有录取他。

过了一段时间，学校重新审核资料，发现这么优秀的孩子怎么没有通过面试，想着还是再给他一次机会吧。第二次面试的时候，面试老师随便问了问他：“你最近做什么了？”他说：“我把学校的玻璃给砸了。”结果还是没有通过面试。这就是打岔型的孩子。

后来他的家长找我咨询，我发现他的父亲也是打岔型，说话避重就轻，喜欢绕圈子。他很少跟孩子沟通，不了解这个阶段孩子的心理和困惑。

一个初一男生经常被班里的几个同学欺负，他就跑到厕所藏着，别人是上一天课，他是上一天厕所。老师担心地问孩子的父亲：“孩子不会有心理问题了吧？”孩子的父亲说：“我们孩子很好啊，没问题，是您太敏感了。”这位父亲是打岔型，他不关心孩子的感受。一些受欺负的孩子的心理阴影会影响他一生。

以上面这个被欺负的男生为例，**打岔型的家长要做到身心一致，需要3步。**

❶ **感受自己的内心。**家长可以跟孩子说：“听到你被几个同学欺负，爸爸感到非常难过，很心疼，很生气。你不用怕，爸爸妈妈是爱你的，我们永远支持你。”

❷ **感受孩子的内心。**家长可以跟孩子说：“爸爸知道你受了很多委屈，很害怕，你还能坚持每天上学，说明你是一个负责任的好孩子。”

❸ **引导孩子，和孩子一起解决问题。**家长可以跟孩子说：“看看

我们如何做，才能够保护好自己，说说你的想法，你需要爸爸如何支持你？”

当家长这样说的时候，孩子会感觉到被理解、被支持、被关爱，就能逐步恢复自信，从挫折中总结人际交往的经验。他从家庭获得内在力量之后，人生的一切压力和挑战都不是问题了。

分享：如何身心一致沟通

08

第八章

一致性沟通是根据自己内心当下的真实感受进行表达，同时感受孩子的内心和回应。

身心一致沟通是“三个分享”

▼

什么是身心一致的沟通

身心一致沟通是分享自己的“冰山”、对方的“冰山”、情境与事实。

分享自己的“冰山”。当事情发生的时候，觉察自己的内心发生了什么，尊重自己的内心，分享自己的内心感受。

分享对方的“冰山”。当事情发生的时候，觉察对方的内心，理解对方的需求，考虑对方的处境。

分享情境与事实。你周围的现实情境是什么？你的困难是什么？对方的情境是什么？对方的困难是什么？与对方建立合作共赢的关系，与对方共同解决问题。

如何身心一致地沟通

一个孩子低着头走进了家门，他非常沮丧地把手中考了40分的语文试卷拿给妈妈看。如果你是他妈妈，你会如何与孩子沟通？

❶ 指责型

妈妈："你到底怎么回事？又不及格，你怎么这么笨，你就是不努力、不认真。"

这种沟通模式忽略了孩子内心的感受。

❷ 讨好型

妈妈："对不起，妈妈昨天忘了提醒你要在考前复习一下，都是妈妈不好，妈妈给你做好吃的吧。"

这种沟通模式忽略了自己的感受，让孩子感觉不真实。

❸ 超理智型

妈妈："专家说了，决定高考胜负的关键是语文，我这里有一本语文高分秘籍，你先好好学习一下，一会儿我要给你分析一下为什么错了60分。"

这种沟通模式忽略了自己和孩子的感受。

❹ 打岔型

妈妈："哎哟，你今天回家还挺早的，路上不堵车吧，赶紧洗手，准备吃饭吧。我给你做了好吃的。"

这种沟通模式忽略了自己和孩子的感受，也忽略了情境。

上面四种都是效果不好的沟通方式。

❺ 身心一致沟通法

妈妈分享孩子的"冰山"。你注视着孩子，真诚地说："妈妈看到你低着头走进门，感觉你有些不高兴，是对语文考试的结果不满意吗？愿意跟妈妈说说吗？"

孩子听到妈妈这样的反应，他就会放松下来，感觉自己被家长理解了，也愿意继续交流。这样家长就可以继续引导孩子。

妈妈也可以分享自己的“冰山”。你注视着孩子，真诚地说：“妈妈看到你低着头走进门，有些担心，妈妈希望你开心。”

一致性沟通是表达出自己内心的真实感受，同时要感受孩子的内心和回应。

妈妈也可以分享情境与事实。你注视着孩子，关心地说：“这次语文考了40分，通过这次考试，你的收获是什么？为了学好语文，你有什么计划？”

如何判断沟通的效果？不是看说的话有没有道理，而是要看孩子的反应、反馈。

第五种“身心一致沟通法”为什么有效？因为家长尊重孩子、理解孩子，把话说到孩子的心里去了。

身心一致沟通的特征

❶ 目的是相互理解，促进亲子关系

身心一致沟通不是为了说服孩子，让孩子听自己的，而是相互理解，亲子关系更重要。

你可以听我的，也可以不听我的，做到中正。当你身心一致地去沟通时，不会引起对方的心理防御，这是有效的沟通模式。

❷ 沟通的过程比结果更重要

我们可以先看看一个家长参加亲子关系工作坊后写的感悟。

我看到了自己在沟通过程中最大的缺陷，在与别人沟通时，我喜欢直接宣布一个结果，不重视沟通的过程，没有和对方交流的内心活动和感受，这样让对方感觉我不尊重他，所以他也很难理解我。

以前我不明白为什么前夫说我不尊重他。我认为自己已经最大程度地尊重他了，几乎家里的大事都由他决定，当时很不明白他怎么会这么想，并固执地认为他简直是得寸进尺，现在终于知道是沟通环节出问题了。

以前我在沟通的时候，表达太直接，有话直说，总是让他没心理准备就要接受我的想法，结果每次都是不欢而散。以致后来我就习惯用斩钉截铁的言辞把我的决定抛给他，管他接受不接受，反正他听着就对了。参加亲子关系工作坊后，我再次看到以前婚姻里那个愚昧无知的自己，发现家庭里面的很多矛盾都源于自己不懂沟通。

在生活中，正确的反面不是错误，而是另一种正确。

❸ 身心一致意味着做真实的自己

语言和感受、言语信息与非言语信息都是一致的。言语的内容与表情、姿态、脸色、语音语调以及呼吸频率等非言语信息保持一致。非言语信息往往反映了人们内心的真实情感状态。

沟通是分享自己的内在，传递爱，让孩子认识真实的我。当你们采用身心一致沟通法的时候，你和孩子是在真实的生命层面相遇，你可以真实地表达自己，对方可以接受，也可以不接受。

一个自我价值感低的人很难坦然说出自己内心的真实感受，他可能会用指责、讨好、超理智、打岔这些方式来掩盖自己的内心。不去深入挖掘我们表面的行为，我们真的有时都无法认识到自己真实的内在。

❹ 身心一致沟通是“四不”

不指责。我可以反对，可以不同意对方的观点，但尊重、理解对方。

不讨好。我可以说感受，可以表达关怀，但不压抑自己。

不超理智。我可以讲道理，带着感情、感受去和对方沟通，但不固执、不唠叨。

不打岔。我可以幽默、勇敢地表达自己，但不逃避。

❺ 平等沟通

健康的亲子关系建立在家长与孩子价值平等的基础之上。无法达成身心一致沟通的根本原因是我们对自我价值的不认可。

身心一致沟通的五个步骤

▼

第一步：描述事实、情境

想法不是事实。家长看到孩子的一些行为，听到孩子的一些话，就会有自己的想法和解读。事实上，家长的解读往往与孩子的真实意图不同，家长的解读并不是事实。

一件事情发生了，每个人都有自己的解释，每个人看到的都不是真相，只是真相的一个碎片，所以描述事实需要带着觉察，不要带有任何评判和情绪。

第二步：表达感受

一个自我价值感低的人很难坦然说出内心的真实感受。一个人如果能够自由地表达感受，分享感受，心理就不会扭曲。家长要真诚地沟通，表达内心真实的感受，孩子才容易理解家长，建立信任和谐的亲子关系。

家长的语言要和内心的真实感受保持一致，这样亲子关系才会建立联结。敢于表达脆弱也很重要，敢于示弱才是真正的强大。

第三步：谈观点

观点是站在自己的立场和角度形成的想法、信念、价值观等，比如："我认为……我觉得……"。

我们的一些想法促使我们去评判别人，阻碍了我们看清事实的真相，所以我们要高度觉察自己的想法是否接近客观、接近事实。

第四步：表达渴望、意图

家长要表达真实的意图，孩子才容易理解家长。家长嘴上说的话经常与内心真实的意图不一致的话，孩子就会误解家长。

比如，家长的心里是爱孩子的，嘴上说的却是"你真笨！考试都不及格，别吃饭了"；家长心里想的是爱孩子，可是控制不住，打了孩子；家长心里想的是"我希望你好"，嘴上说的是"你没希望了"。

家长身心不一致的沟通导致孩子的内心受伤，甚至扭曲，因为孩子接收到的信息是矛盾的，孩子听到家长说的话是"爸爸妈妈是爱你的"，而孩子内心感受到的是"爸爸妈妈是恨你的"。

家长的言行与内心的意图保持一致，孩子才能接收到父母的爱。家长在内心是爱孩子的，语言上也要对孩子表达爱。

第五步：提出期待、请求

在觉察了自己的渴望以后，向对方提出可以满足自己渴望的具体的行动。

妈妈对儿子说：

❶ 周六有时间吗？

❷ 周六我们打算去桐桐家聚会，你有时间一起去吗？

这两种问话方式，你感觉到有什么不同了吗？第二种说出了请求背后的意图、目标和请求许可，而第一种没有。

家长对孩子说：

❶ 把你的数学试卷给我。

❷ 数学老师留言了，他让家长在试卷上面签字，请你把试卷给我看看。

第一种只是说了一个请求。

第二种说出了请求背后的原因。

两种表达虽然都是为了要一个结果，但是孩子内在的感受是不同的。

妈妈期待孩子给自己倒杯水：

❶ 你怎么不给我倒水？赶紧给我倒一杯水。

❷ 你愿意给我倒水吗？你可以给我倒杯水吗？

第一种是命令。

第二种是具体的请求，不是命令，而是“你愿意……”“你可以……”“你是否……”“你打算……”

当我们想要表达自己时，需要从这五个层面先觉察自己。然后再表里一致地与孩子分享事实、感受、观点、渴望、期待。

当我们想要理解孩子时，也同样需要倾听、觉察孩子的事实、感受、想法、渴望、期待。我们可以与孩子确认核对自己的解读。

一个孩子推开门，把书包往地上一扔，烦躁地说：“今天我和一个同学大吵了一架！”假如你是孩子的妈妈，你如何与孩子沟通？

指责型：“跟你说过多少次了，又吵架！吵架是不对的，不要这样冲动！”

指责、否定孩子，会让孩子不舒服、紧张、生气。

讨好型：“以后别和同学吵架了，妈妈奖励你一个小礼物，你想要什么？”

这样的做法会强化孩子的吵架行为。

超理智型：“专家说了，吵架是无能的表现，冲动是魔鬼，所有的人际矛盾都可以通过沟通解决，我有一本讲如何沟通的书，你要认真地看。”

孩子的反应：不舒服，失望。

打岔型：“昨天的考试考了多少分啊？试卷发下来了吗？”

孩子的反应：别扭，无奈。

遇到压力后，上面是家长常见的四种沟通模式，效果都不理想。我们会发现指责、讨好、超理智和打岔，或多或少都在削弱孩子的力量，因此孩子的潜意识会产生抗拒，沟通难以达到良好效果。

针对上述案例，我们可以用身心一致的五个步骤来探索妈妈和孩子的内心。

❶ 事实

妈妈的事实：当孩子推开门的时候，我看到孩子把书包往地上一扔。我听到孩子说他和一个同学大吵了一架。

孩子的事实：我和一个同学开玩笑，他误解了我，就和我吵架，我没有吵赢。我推开门把书包往地上一扔，看到了妈妈，就跟她说了今天我和同学吵架的事。

❷ 感觉

妈妈的感觉：有一点点担心、着急又好奇，我不清楚孩子在学校具体发生了什么。

孩子的感觉：烦躁，愤怒，后悔，丢人。

❸ 观点

妈妈的观点：吵架会影响同学关系，不利于孩子的身心健康，也不利于学习，吵架不能解决问题。

孩子的观点：同学之间因为开开玩笑就吵架是不对的，同学误解自己的意图是不对的。

❹ 渴望

妈妈的渴望、意图：爱孩子，孩子和平、喜悦，亲子关系融洽。

孩子的渴望、意图：被尊重、被理解。

❺ 期待、请求

妈妈的期待：孩子学会处理同学关系，学会沟通，不吵架，通过和平的方式化解同学之间的矛盾。

孩子的期待：我和同学吵架受委屈了，妈妈应该站在我的立场上支持我。

通过上面五个步骤探索完妈妈和孩子的内心之后，再进行身心一致沟通就很简单了。分享上面五个步骤的内容，也就是分享自己的内心，分享孩子的内心，分享事实和情境。

就上面的案例来说，妈妈可以说："你和同学吵架了，你感觉不太好肯定是有原因的，愿意跟妈妈说说吗？"

孩子会感觉开心、放松，愿意跟妈妈继续交流。

当然，身心一致的沟通有选择的"三个分享"：分享自己的"冰山"，分享孩子的"冰山"，分享事实情境。

真诚

▼

做教育，真诚比完美更重要。我刚开始在特殊学校做老师的时候，一点经验都没有，我唯一有的就是对教育的热情，对学生的爱心。我几乎一年没出过校门，每天在学校研究学生的心理，钻研教育规律，在学生身上付出了很多心血。结果，学生非常不领情，根本达不到预期的教育效果。我非常苦恼，就向充满教育智慧的同事张老师请教："教育的秘诀是什么？"张老师认真地告诉我："教育的秘诀就两个字——真诚！"

做家长要有原则，我父母的原则就是做人真诚，说到做到，不偷奸耍滑。小时候，村子里面每天都放露天电影，我跟父母说："我要去看电影。"他们经常不允许我去看。一天晚上放学回到家，我对父母说："今天我答应同学了，一起去看电影。"我父母就会说："去看吧，既然答应同学了，那就要说话算数。"

家长对孩子要真诚，才能让孩子做一个真诚的人。

家长要做平面镜

▼

家长经常给孩子两种反馈：一种是支持和鼓励孩子的积极反馈，一种是指责和批评孩子的负面反馈。当孩子收到家长负面的反馈时，孩子的内心是蜷缩的，即便孩子因此而改变了行为，但他的内心仍是蜷缩的。

身心一致的家长应该给孩子第三种反馈：真实的、不偏不倚的反馈。

家长要做平面镜，告诉孩子事实，给孩子真实、中立、中正的反馈，这样孩子才能脚踏实地，找到自信。家长不要做凸面镜去夸大和讨好孩子，否则孩子容易自大；家长也不要做凹面镜去缩小和指责孩子，否则孩子容易自卑。真实、中正、中立的反馈更容易让孩子静心听。

举个例子，当你在休息的时候，孩子在看电视，声音开得很大。你感到很不舒服，该如何反馈？

家长A对孩子说：太吵了！你怎么这么不懂事！这时候，孩子接收到的是家长的情绪和对抗。

家长B做平面镜，给孩子真实、中正、中立的反馈。家长说："我听到电视的声音很大，我的耳朵很不舒服，我很难安静地休息。"

孩子听家长这样说，他就会把电视的音量调小，他会愿意接受这个反馈。

反馈就是分享你注意到了什么，让孩子根据你的分享做出自己的反应。家长给孩子的反馈是真实的、中立的，不仅会让他感觉平静，同时也给了他觉察的空间，能让他更容易接收信息，去反思接下来的行动。孩子认为自己有选择的权利。如果家长给孩子的反馈带有自己的偏见和建议等评判性质的意见，而不是事实的话，就会使孩子的内心封闭起来，产生防御心理。比如，家长给孩子建议："你看电视的声音太吵了，赶紧调小点！"孩子会不愿意听。

举个例子：一天，下雨了，5岁的孩子想到外面去玩，但是家里没有雨具。

家长A：你这样做很傻，你会被淋湿的。（这个反馈不是中立的，孩子不愿意接受。）

家长B：外面正在下雨，你如果去外面玩，衣服可能会被淋湿，这是你想要的结果吗？

孩子：嗯，这是我想要的结果，我想要淋雨。

家长：好吧！不过外出淋雨有可能感冒，让你发烧、难受，这是你想要的结果吗？

孩子：我不想感冒、难受。

家长：那你打算怎么做呢？

孩子：我可以去邻居家，找芊芊借一把雨伞。

家长C：外面正在下雨，你如果去外面玩，衣服可能会被淋湿，这是你想要的结果吗？

孩子：嗯，这是我想要的结果，我想要淋雨。

家长：好吧！不过外出淋雨有可能感冒，让你发烧、难受，这是你想要的结果吗？

孩子：没关系，我不怕感冒，我只想痛快地淋雨。

家长：好吧，祝你玩得开心。

家长容易马上下评判，建议孩子应该如何做。

为了培养孩子解决问题的能力，家长不要给孩子建议，应该引导孩子，比如可以问孩子："在这种情况下你打算怎么做呢？"孩子说可以去邻居家找芊芊借一把雨伞。在家长的引导下，孩子自己会找到解决方案。

沟通的效果要看孩子的反馈

▼

假如你去商场，看到一套高档西装，价钱、款式、布料等各方面都不错，你很满意。可是销售员跟你交谈的时候，不尊重你，让你感觉很不舒服，你会购买吗？大多数人都不会。亲子沟通也是如此，孩子如果感觉不好，即使家长说得很有道理，他也不愿意听。

家长最大的一个问题是，喜欢执着于自己的道理，不看孩子的反馈。对于家长的言语，孩子有两种反馈——正面或负面。家长要察言观色，看孩子身体的反馈。

正面反馈：眉头舒展、笑逐颜开、放松、喜悦、愿意听，亲子关系拉近。

负面反馈：沉默、转身、紧张、有压力、逃避、不愿意听、逆反、不耐烦、无动于衷、心不在焉、无所谓，亲子关系疏远。

当家长和孩子沟通的时候，发现孩子出现负面反馈，家长要立即觉察，停止说话，回归最佳父母状态之后再沟通。

核对

▼

家长很容易误解孩子，因为看到孩子的一个行为或者听到孩子说一句话，立刻就有自己的猜测和解释，这可能在一秒钟内就发生了，但是这种猜测和解释不一定是事实真相。

一个孩子刚进家门，看了一眼厨房，就皱着眉头对家长说：“今天不开心。”

家长认为：“孩子饿了，我还没把饭做好，孩子对我不满意了吧？”这就是猜测。家长要停止猜测，而与孩子核对信息。家长可以这样与孩子核对事实。

家长：你是不是想说妈妈饭做晚了？

孩子：不是。

家长：你是不是想说今天考试不理想？

孩子：不是。

家长：你是不是想说今天的作业很多？

孩子：是的。

沟通的目的是相互理解。如果孩子说“不是”，家长还可以继续核对：“你想表达的是什么？”孩子就会更具体地说他的意思。这样的倾听，不带有任何主观的猜测，这样的沟通既客观又轻松。

误解的原因是按照自己的解释去理解对方的意图，实际上都是自己的内心投射，要学会核对，才能真正地理解孩子。

肯定：如何肯定孩子的内心

09

第九章

每个生命都是神圣的，每个孩子都是尊贵的，每个孩子都需要被肯定，这样孩子的内心才会充满自信和价值。

为什么要经常肯定孩子

▼

大人需要被肯定，孩子也需要被肯定，需要鼓励、赞美和欣赏。

例如，当孩子做对的时候，家长立即表示“你做对了”。这样能对孩子起到正强化。有些家长反应慢，三天之后再肯定孩子，孩子已经忘了。所以，一定要及时肯定孩子才有用。

每个生命都是神圣的，每个孩子都是尊贵的，每个孩子都需要被肯定，这样孩子的内心才会充满自信和价值。

一位家长跟我说，他上初二的儿子被同学小龙带坏了。小龙的父母离异，谁都不管他，小龙经常旷课，网络成瘾，天天玩游戏。现在，他的孩子和小龙每天一起去网吧玩游戏，后半夜才回家。他上周打了孩子，孩子就离家出走了几天。

我问家长：“你和小龙的家长沟通过吗？”

这位家长说：“上周，我见到小龙的妈妈了，她说我家孩子把小龙带坏了！回到家，我告诉孩子，别找小龙玩了，但是根本没有用。他们两个继续每天一起玩。因为违反了纪律，老师当着全体同学的面批评了孩子几次，他感觉丢面子了，现在不去学校了。”

家长说完，还把孩子写的一首诗给我看，诗的题目是《孤独》。

这首诗写得很有意境，能够看出孩子的内心就像一座孤岛，没有朋友，没人肯定他，在家里面得不到父母的肯定，在学校也得不到老师的肯定，孩子只能在游戏里寻找成就感。

不断地肯定孩子，才能不断地给孩子的内心增加能量。就好像烧一壶水，只烧几秒钟是烧不开的，要持续不断地烧，一直给水增加能量，一鼓作气直到烧成沸水，发生质变。孩子的成长也是如此，家长要不断肯定，不断给孩子增加能量，直到孩子的内心发生质变，彻底成长。

很多孩子的内心就像一座孤岛，孤立无援，时间久了就会出现心理行为问题，孩子内心最需要被肯定、被支持。

忽视孩子的“缺点”，关注孩子的优点

▼

如果你关注“不想要的东西”，“不想要的东西”就会更多，如果你关注孩子的“缺点”，孩子的缺点就会变多。家长的内心像一块吸铁石，关注什么就吸引什么。孩子做错的时候，家长要适当忽略错

误，因为否定会带来更多的否定。小孩子不可能不犯错，经常否定孩子会让孩子产生低自我价值，失去自信。

在家长课堂上，我在白板上画了一个黑点，我问家长“看到了什么？”大家异口同声地说“一个黑点”。当你关注一个黑点的时候，99%的白板就看不见了。当你关注孩子的问题，孩子的问题就会放大。肯定孩子的优点，孩子的优点才会越来越多。

我曾经在一所中学讲培训课，当时自我感觉良好，就得意地说：“请听课老师为我多指出不足之处。”结果，5个听课老师给我提了50个缺点，看到一张A4纸上面写了满满的不足，我一下子惊呆了。其中一个老师说：“你穿的衣服颜色搭配不对，穿的皮鞋也是一个缺点。”

第二天，我硬着头皮讲完课，对听课的老师说：“今天，请大家给我提提优点吧！”这5个相同的听课老师一共给我提出了60个优点，我自己又给自己补充了3个优点。

从哪里跌倒就从哪里站起来，我明白了要慎重提缺点。因为给别

练习

每天发现孩子3个优点，并且写出原因。

❶ 我的孩子有爱心，因为她善待小动物，经常给流浪猫送饭。

❷ 我的孩子自信，因为____________________。

❸ 我的孩子有创造力，因为____________________。

人提太多的缺点，分寸把握不好的话，最大的效果就是打击对方的自信心。

他们给我提了50个缺点，我当时也改不了，改变缺点是需要一个过程的，所以第二天我就带着缺点继续讲课，我允许自己有缺点，只有这样才能进步。

家长最重要的不是提缺点，而是给孩子提供走向优秀的梯子。

缺点中蕴藏着优点的种子：孩子拖延说明他有耐心；孩子胆小说明他谨慎；孩子淘气说明他灵活；孩子嫉妒别人，说明他有上进心。

通过惩罚改变孩子的缺点往往会适得其反，有智慧的家长会忽视自己不想要的，肯定自己想要的。孩子的优点多了，缺点自然就少了。

如何肯定孩子

▼

❶ 用身体语言肯定孩子

通过表情，比如用微笑表达对孩子的肯定和接纳；通过眼神表达欣赏和关爱。沟通的时候，身体要放松，内心要敞开，要面对孩子专注倾听。

很多家长和孩子说话的时候都不看孩子，孩子接收到的信息就是不被重视、不被肯定。有的家长会一边刷手机一边说："哦，你做得很棒！"

专注地看着孩子，即使一言不发，孩子也会感觉得到家长的关心。

❷ 用坚定的信念肯定孩子

在教育孩子时，如果父母觉得自己的孩子是个麻烦的问题孩子，那么孩子最终会朝着父母"期望"的方向发展。同样地，父母如果认定自己的孩子是优秀的好孩子，那么孩子也会朝着父母认定的方向发展。

在你的内心深处真正地肯定孩子，你的潜意识、你的信念和想法，真正地认为你的孩子是神圣的，是最尊贵的生命，这也是你的教育观、生命观。只有这样，你才配做教育，才配做家长。

做教育20年来，每一天我都在心里告诉自己：每一个学生都是最尊贵的，真爱每一个学生。我经常把工作坊、夏令营、冬令营的照片拿出来，看一看令人尊敬的孩子们，这样我的内心就会充满能量。

❸ 语言肯定

陶行知在校园看到男生王友用泥块砸自己班上的男生，当即制止了他，并令他放学时到校长室去。放学后，陶行知来到校长室，王友已经等在门口准备挨训了。可一见面，陶行知却掏出一块糖果送给他，并说："这是奖给你的，因为你按时来到这里，而我却迟到了。"王友惊疑地接过糖果。随之，陶行知又掏出一块糖果放到他手里，说："这块糖也是奖给你的，因为当我不让你再打人时，你立即就住手了，这说明你很尊重我，我应该奖励你。”王友更惊疑了，他眼睛瞪得大大的。陶行知又掏出第三块糖果塞到王友手里，说：“我调查过了，你用泥块砸那些男生，是因为他们不守游戏规则，欺负了女生。你砸他们，说明你很正直、善良，有跟坏人做斗争的勇气，应该奖励你啊！”王友感动极了，他流着眼泪后悔地说道：“陶校长，你……你打我两下吧！我错了，我砸的不是坏人，而是自己的同学呀！……”陶行知满意地笑了，他随即掏出第四块糖果递过去，说：“知错能改，善莫大焉，我再奖给你一块糖果，可惜我只有这一块糖了，我的糖没有了，我看我们的谈话也该结束了！”说完，就走出了校长室。

用语言肯定孩子的形式：关键词+具体的事实描述。比如，陶行知肯定王友，用了四个关键词——守时、尊师、正直、知错能改，后面加了四个具体的事实描述。

肯定孩子不能说虚的东西，家长肯定孩子只说“你真棒”是不够的，后面还要加上具体的事实原因。

❹ 借他人之口肯定孩子

借他人之口肯定孩子，会有意想不到的效果。例如，可以让孩子欣赏的老师、朋友或者权威人士肯定孩子、鼓励孩子。

家长可以跟孩子说：“今天我遇到你的数学老师了，他非常欣赏你的创造力，说你有数学天赋。”

❺ 正面肯定孩子

家长要慎重说话，如果家长说孩子是一个笨蛋，刚开始孩子自己不相信，会否认说“我不是笨蛋”，这其实是在强化外界对自己的评判，接下来他会在现实中发现一些蛛丝马迹来证实自己真是个笨蛋，最终他就会相信自己就是个笨蛋。

孩子吃饭的时候，边吃饭边说话，如果这时家长对孩子说“吃饭的时候，别说话！对健康不利”，这种说法就是负面表达。正面的表达是：“吃饭的时候，保持安静更有利健康。”

家长正面表达，孩子更愿意听。

❻ 三个事实+一个肯定

有时候，家长一开口就是肯定孩子、赞美孩子，孩子的潜意识会怀疑，不相信家长的话。比如，家长一开口就直接对孩子说：“你很有数学天赋！”孩子不容易相信。家长如果先说三句表达事实的话，每句话都让孩子在心里认可你所说的，然后再用第四句话来肯定孩子。这样，孩子更容易相信家长的肯定。

例如：

第一句：“看你哼着歌回家，今天你很开心。”

第二句：“我在微信群里看到了，这次数学考试你的分数比上次提高了10分。”

第三句：“数学老师跟我表扬你了，说你学数学开窍了。”

第四句：“你很有数学天赋。”

有了前面三句话的事实作为铺垫，第四句话再肯定孩子，力量就会很强大。

可以从哪些方面来肯定孩子

▼

我们可以从一个案例来看看如何肯定孩子。例如，孩子的数学兴趣班是上午9点上课，孩子9:30才睡醒，10点才赶到教室。如果你是孩子的妈妈，你可以从哪些方面去肯定孩子？

❶ 正面动机

家长：妈妈知道你是个负责任的孩子，想学好数学，即使有困难也要去上课。

❷ 情绪感受

家长：妈妈知道你迟到了，感觉不好意思，有些自责。

注意：家长不要替孩子解决问题，要认可孩子的感受。情绪感受没有对错，一切感受都是可以的。比如，我感觉很伤心，没有人有资格说我不应该伤心。

❸ 客观的事实

家长：妈妈看到你10点去上课了，你安心学习吧，很好。

注意：事实不同于评判，比如，家长会评判孩子懒惰、不认真、不负责、厌学、旷课，这样下去前途一片黑暗，等等。事实是9点上课，孩子10点来了。

❹ 观点、信念、价值观

家长：妈妈知道，你认为休息好了，才能高效率学习，你是一个追求高效率的人。

注意：要想和孩子有好的亲子关系，就要肯定孩子的价值观和信念，否则就会发生矛盾。

家长要肯定孩子的视角、观点中可以肯定的部分。

❺ 肯定孩子的生命价值

家长：你很好，你对我们来说非常重要。

注意：行为与人。孩子这个生命永远都是对的，都是好的，但是孩子的行为是有对错的，有界限的。要传递给孩子："即使迟到了，你也是被尊重的，你值得爱！"

❻ 肯定优点、特质、品质

家长：妈妈看到你内心有勇气，敢于面对压力。

家长：妈妈看到你做事情沉着冷静，即使时间晚了也不慌。

要透过孩子的缺点看到背后的优点，及时肯定孩子。

❼ 复述关键词，用孩子的语言肯定孩子

重复孩子刚说过的话里最重要的关键词，例如"你刚才说……"，这样能让孩子感觉你在乎他说的话，你在认真倾听，使孩子觉得你明白他的意思。

“正如你所说……”“正如你所知道的……”孩子的潜意识容易接受这样的语言。

❽ 肯定其他可以肯定的部分

只有当孩子体会到你所说的与他们的真实情况相符时，对孩子的肯定才不至于空洞无物。

家长在肯定孩子的优点后，可以进一步引导孩子发现自己的优点。有家长担心自己的孩子本来就自负、自大、狂妄，如果再肯定他，他会不会更自大?

家长不要脱离事实夸孩子，也不要讨好孩子，真心地欣赏和肯定孩子，永远都不过分，关键是要有后续落地的行动，这样就不会有副作用。

比如，可以问孩子“为了你的班集体，为了你的朋友，为了服务社会，你可以怎样发挥你的优点？你的计划是什么？”“你打算在画画方面如何发挥你的创造力？”“你计划在学习上如何发挥你的创造力？”

肯定孩子的真我，管理孩子的行为

▼

家长永远都要肯定孩子的真我，肯定孩子这个人，肯定这个生命。因为孩子的真我永远都是好的，永远都是对的，永远都是有价值的。

一个父亲放在抽屉里面的200元钱不见了，父亲问孩子："是不是你偷的？"孩子不承认，但是家里的大人都没拿钱，可以肯定就是孩子偷的。父亲就把孩子狠狠地打了一顿，孩子最后承认了，他拿钱去买零食吃了。父亲生气地说："你才10岁就开始偷东西，还骗父母，长大了就完了！"

孩子不经父母同意，就拿家里的钱肯定是不对的，可是孩子听到父亲说出这样的话："你才10岁就开始偷东西，还骗父母"，孩子会有什么感觉呢？孩子会在心里面默认自己就是一个坏孩子、一个小偷、一个骗子，他的内心就开始扭曲。

这个家长问我："马老师，你认为我应该怎样跟孩子沟通呢？"我告诉他可以这样跟孩子说："你是一个诚实的好孩子，怎么会在没有得到爸爸允许的情况下就拿走爸爸的钱呢？"

这样沟通一方面表示家长信任孩子是诚实的，另一方面也管理了孩子私下拿钱的行为。孩子听了爸爸的话后就会自我反省："自己是个诚实的孩子，为什么不跟爸爸说一声就拿钱呢？”当孩子发现父母信任自己时，孩子会感到自责。如果家长打了孩子一顿，孩子的心里反而觉得这件事扯平了，他以后可能还会拿钱，因为他已经不自责了。

家长在教育孩子时把行为和真我混为一谈的做法，会让孩子产生低自我价值，伤害孩子的自尊心、自信心，让孩子破罐子破摔。

孩子拿家长的钱，家长就给孩子贴标签——小偷、骗子，这样做是很危险的，把拿钱的行为与孩子的真我身份混为一谈了。

实际上，在孩子的心里还没有偷东西的概念，他的动机只是想买零食，只不过家长平时对他控制得严格，其他小朋友有吃的，而他没有，所以他就自己想办法解决问题。

家长永远都要肯定孩子的真我，孩子永远都是好的，孩子这个人永远都是对的，这是教育的前提，然后再管理和教育孩子的行为，让孩子明白不经过家长的同意就拿钱的这个行为是错的。

“你是一个诚实的好孩子”，用这句话先肯定孩子的真我，然后孩子的问题行为自然就会改变。

引导：如何引导孩子的内心

10

第十章

让孩子内心转化的关键是要孩子与自己“冰山”底层的生命力建立联系，当孩子连接真我的时候，他就更能够看到真相，他内心的状态就改变了，他也有力量去理解妈妈。

冰山引导法

▼

引导不是讲道理，引导的一个核心方法是提问。冰山引导法就是通过提出“冰山问题”，探索孩子的内心，提升孩子的觉察力，让孩子自己做出改变。

如何引导孩子觉察自己的“冰山”

孩子拥有自我意识、自我觉察是非常重要的能力。

家长先把冰山图拿给孩子看，然后给孩子讲解“冰山”是一种心理地图，和孩子约定好，告诉孩子下面将一起进行一次冰山探索，觉察一下内心。得到孩子同意后，就可以开始了。

我发现家长身心一致地与孩子沟通，大多数孩子对冰山图、对觉察内心是感兴趣的，即使是小学生也感兴趣。

例如：

家长：你是如何安排时间的？你每天都做了什么？

孩子：每天上课、写作业、玩手机、运动。

家长：你的行动能实现你的目标吗？

孩子：基本可以。

家长：常见的四种沟通模式，你用哪一种多一些？

孩子：指责多一些，也有讨好。

家长：超理智呢？

孩子：也有。

家长：打岔呢？

孩子：少一些。

家长：当你觉察到自己的不一致，你如何做到身心一致？

孩子：深呼吸，调整好心情，保持平静状态。

家长：你是如何管理情绪的？比如你愤怒了，怎么办？

孩子：我会指责别人。

家长：恐惧呢？

孩子：我会转移注意力。

家长：伤心、难过呢？

孩子：我会压抑。

家长：喜悦呢？

孩子：我会分享。

家长：我的一个价值观是真诚，还有一个价值观是助人。你的价值观有什么？

孩子：善良，善待每个人。

家长：还有什么样的品质是非常有价值的？

孩子：爱。

家长：还有吗？

孩子：学习、觉察、智慧、心灵成长、健康。

家长：你说的也是我的价值观。关于你自己，你有什么信念或想法？

孩子：我很喜欢学习心理学，心理学能够激活我的潜能，我会越来越好。我认为家庭和谐很重要，父母之间少吵架对孩子更好。

家长：那你有什么样的评判呢？比如老师上课迟到，你怎么看？

孩子：说明老师不准时，不负责任吧。

家长：你上课迟到过吗？

孩子：我偶尔迟到。迟到是不对的，应该提前做好准备。

家长：你的期待是什么？对自己的、对父母的。别人对你的期待是什么？

孩子：期待自己能考上名牌大学，有高品质的学习环境，遇到最高水平的老师。期待父母少说我，让我做自己。我不知道别人对我的期待是什么。

家长：父母对你的期待是什么？

孩子：期待我健康、快乐、考上好大学、学业有成。

家长：你如何满足自己的渴望？你怎么得到爱、肯定、接纳、理解、尊重？

孩子：心情不好、状态不好的时候，我就是靠自己，通过自我对话来调整，然后自我接纳、自我肯定。我告诉自己我是一个很棒的人，我是一个可爱的人，我爱我自己。我也会求助别人，得不到老师、同学的认可，我会失望，然后我再自我肯定。如果满足不了自己的渴望，我也会放弃，自暴自弃几天。

家长：分享一下你的自我与真我，你对自己的看法。

孩子：我是一个善良、有爱心、乐于助人，喜欢学习，尤其是心理学的人。我有上进心，愿意分享，虽然偶尔有些情绪化，但是情商还可以。

家长：通过刚才的分享，你对自己有什么新的发现、新的收获？

孩子：……

提示

❶ 家长在引导孩子觉察自己内心的过程中，不要试图改变孩子，家长一定要保持无为的状态，做到中正、中立、接纳。

❷ 觉察是改变的第一步，当孩子觉察内心之后，他会根据自己的情境选择调整或改变。

❸ 家长初学“冰山引导法”时，通常会以直线形的方法来用它，从上至下或者从下至上，使用熟练之后也可以随机应变，采用系统性的方法来提问，引导孩子内心的觉察与改变。

如何引导孩子修复与妈妈的关系

一个孩子长期被母亲不爱他的问题困扰，他有一天来找我咨询。

孩子：我现在24岁了，有一件事一想起来心里面就特别难受，不舒服，堵得慌，我恨我的妈妈，我不能接纳她，我感觉不到她的爱。

我：当时发生了什么事？

孩子：小学三年级的时候，一天晚上，爸爸回家特别晚，大概已经半夜了，突然妈妈从房间跑了出来，摔桌子上面的东西，非常愤怒地说："我要走了，以后不回这个家了。"爸爸赶快跑出来，偷偷地告诉我："你赶紧想办法，别让你妈妈走。"我特别害怕，哭着拉着妈妈的衣服，想留住她，怕她离家出走后，再也不要我了。

我：当时，你的感受是什么？

孩子：震惊、害怕、恐惧、无助。

我：你都做了什么？

孩子：哭，和爸爸一起拉着妈妈的衣服不让她走。

我：你的应对模式是什么？

孩子：讨好妈妈，答应她以后好好学习，听她的话，不管什么事都听她的。

我：你的想法是什么？

孩子：妈妈走了就没有人爱我了，这个家就完了，无论如何都不能让她走。

我：你有什么样的期待？

孩子：妈妈不要抛弃我们，爸爸以后要早回家，爸爸别和妈妈吵架，以后自己要乖乖的，听妈妈的话。

我：你的渴望是什么？

孩子：安全、稳定、爱。

我：那个时候，你的自我价值感如何？对自己感觉如何？

孩子：感到没有力量、无助、弱小。自我价值感很低，认为自己不够好。

我：当你讨好妈妈，当你恐惧、害怕的时候，你是一个什么样的人？

孩子：我感觉与真正的自己失去了连接，不知道自己是谁，可能是一个没有力量、没有能力的人。

我：现在闭上眼睛，深呼吸，吸入“无条件的爱”……进入自己内在的中心，连接真我……连接生命力，感受一下自己的能量……回到当下，让自己在当下扎根，然后再看看发生的这件事和自己的心理历程，有什么新的发现？

孩子：再看这件事情，感觉这是妈妈的一个策略。这件事之后，爸爸再也不敢晚回家了，而我直到今天都在讨好她、怕她生气！我现在明白了，妈妈不可能因为爸爸晚回家一次就离开我们，这是她演的一出戏，她是不会抛弃我的，只不过是通过这种方式来教育我们。

我：妈妈说“我要离开了”，过去你认为是因为她不爱你了，你不够好。真相是什么呢？

孩子：这是妈妈教育爸爸的策略。和我无关，我很好！

我：是的，你很好！那你现在感觉如何？

孩子：感到轻松多了，我也要学习妈妈的策略，学会演戏。

我：如果演得不好，会有后遗症。

孩子：那还是做真实的自己最轻松。

我：是的。

孩子：谢谢！这块石头在心里面压了十几年，现在感觉融化了，非常舒畅！

我：现在你认为妈妈爱你吗？

孩子：她是爱我的。

我：你还担心妈妈抛弃你吗？

孩子：不担心了，我理解她了。

我：你不是受害者，你可以自己做出选择，你现在的选择是什么？

孩子：我打算不再讨好妈妈，也不再恨妈妈，我选择去理解她。

提示

❶ 连接生命力

当孩子连接真我的时候，他就能够看到真相，他内心的状态就改变了，他也有力量去理解妈妈了。

❷ 进入真我视角

当发生压力事件的时候，比如妈妈要离开家这件事，孩子看到的常常是表象。孩子认为妈妈要抛弃自己，都是自己不好造成的，这是小我的视角。当孩子进入真我视角，把自己当成有力量的人的时候，他不是受害者，而是有选择的创造者，他自然就能够理解、接纳妈妈了。

❸ 引导孩子，而不是改变孩子

引导孩子是一种懂孩子的陪伴，陪伴孩子看见更多的事实。

当孩子遇到困难时，如何引导孩子

班主任给家长留言：“今天孩子没交数学作业，数学老师批评他，他也不听，老师让他先补完作业再听课，他还顶撞了老师。”晚上，孩子心情郁闷地回到家，作为家长该如何引导孩子？

家长首先要调整好自己的状态，保持最佳父母状态，再引导孩子。

问题1：“我看你今天好像有心事，愿意跟我说吗？发生了什么事情？”

孩子说：“今天数学老师说我没交作业，冤枉我，还不让我听课。”

当孩子出现问题时，家长不要对孩子进行评判、指责、讲道理，比如，对孩子说：“一定是你没交作业，老师才批评你。”“一定是你做错事，老师才会处罚你。”“你骂老师是错的。”

如果我们不让孩子说出事情的经过，就不能理解孩子。孩子的行为肯定有积极正向的意图，要让孩子有机会说话。即使真的是他的错，他也会自我反思。

问题2：“你的感觉是什么？”

孩子说：“委屈、生气、着急、害怕。”

当孩子有情绪的时候，家长说什么他都听不进去，所以应该先处理心情，后处理事情，只有当孩子的心情平静下来了，他才可能冷静思考。如果我们希望孩子能够听得进去大人的意见，我们就需要先同理他的感受，让他的情绪有个出口。孩子需要把自己的感受说出来，一旦说出来，哭一哭，喊一喊，心情就会好多了。

问题3：“你真实的想法是什么？”

孩子：不被老师冤枉。

家长：正面表达出来是指什么？

孩子：被老师理解。

问题4：“那你觉得你怎么做老师才能理解你？有什么办法？”

孩子：不能跟老师发脾气，可以跟老师好好说话，心平气和地告诉老师事实。

家长：事实是什么？

孩子：我交作业的时候放错地方了，所以老师没看到我的作业。

问题5：“如果下次再遇到类似的情况，你决定怎么做？”

孩子：我一定不能生气，先保持冷静，然后心平气和地把事实说给对方听。

家长：明天遇到数学老师，你准备如何做？

孩子：我先给老师道个歉，因为我顶撞老师是不对的。

孩子一定会选择对自己最有利的方法，如果他了解后果，通常会做出最合理、最明智的选择。

就算家长认为孩子的选择错误了，家长也要尊重孩子的选择，只要不违反底线就可以，因为孩子会从错误中学习到宝贵的经验。

问题6：“你希望我做什么来支持你？”

孩子：你能理解我就很好，如果我需要你们做什么，我会说的。

问题7：“今天跟老师沟通的结果怎样？”（第二天）

孩子：数学老师原谅了我，老师说他也有错，不能带着情绪批评我。

问题8：“通过这件事，你学到了什么？”

孩子：我学会了跟别人沟通之前，一定要管理好自己的情绪，不能冲动。

提示

❶ 当孩子遇到困难的时候，或者犯错的时候，家长可以问这8个问题引导孩子。

❷ 引导孩子的时候，家长不能告诉孩子答案，可以通过提问的方式引导孩子自己解决问题，这样才能激活孩子的内在智慧，激发孩子解决问题的创造力。

孩子沉默不语，如何引导

初中生婷婷每天在教室里面沉默不语，眉头紧锁。下课了，她也不和同学说话，一个人待着。班主任担心婷婷患有抑郁症，于是带着她来学校的心理咨询中心找我做心理咨询。

我：请说说你的感受吧。

（她沉默。）

我：发生了什么事情？

（她还是沉默。）

我：是不是同学让你不高兴了？

（她摇头。）

我：是不是老师批评你了？

（她摇头。）

我：是不是学习压力太大了？

（她摇头。）

我：是不是家庭让你不开心？

（她点头。）

我：是不是妈妈让你不高兴了？

（她点头。）

我：是不是妈妈干预你太多？

（她摇头。）

我：是不是妈妈不关心你？

（她点头。）

我：你希望妈妈能理解你？

（她点点头。）

因为我的理解，婷婷终于开口说话了："我妈妈每天说我，烦死了。"说着眼泪唰地流了下来，她继续说道："我在家学习的时候，我妈妈总是因为一些小事和我爸爸吵架，比如说我爸爸不做家务，烦死了！"

第二天，我邀请婷婷的妈妈来做家庭辅导，孩子的一些更深的心结也逐步解开了……

读懂孩子的内心就像剥竹笋，有很多层，需要一层一层逐步深入，逐步理解孩子。

提示

❶ 遇到孩子不说话、保持沉默怎么办？家长一定不能着急，要有耐心。孩子不说话就是告诉你：“你们不理解我，我说了也没用”，所以这时候一定要用心感受孩子的感受，读懂孩子的内心才行。

❷ 直接问孩子“发生了什么事情？”，他一般不愿说，这时候家长可以提问“是不是……？”让孩子来确认。

❸ 当家长把话说到孩子心里面的时候，孩子就愿意开口了，因为他知道自己被理解了。

应用“冰山”，改善父母关系

为了帮助婷婷，婷婷的妈妈也被邀请到了心理咨询中心。

妈妈：我看到家里的地板已经很脏了，但是她爸爸连续3天都不擦地板，我就会很生气。

我：这时候你是如何做的？

妈妈：我开始指责他：“我都说过多少次了，要每天墩地，你整天什么家务都不干，就知道吃。”

我：我给你留一个作业，遇到让自己有情绪的事件时，要停下来走一下自己的“冰山”。

妈妈：好吧。

这位妈妈把走“冰山”的心路历程分享了出来。

第一步：觉察，发现卡住的部分

行为：看到地板脏了，丈夫没墩地。

应对：指责丈夫什么家务都不干，就知道吃。

感受：愤怒、挫败、伤心、失望。

观点：地板要保持干净才有利于健康；男人也要做家务，否则就是没有责任感；丈夫一点儿都不把我的话当回事，他不爱我。

期待：丈夫经常墩地；丈夫听我的话，按我说的去做；丈夫为家庭负责；丈夫体谅我。

渴望：被尊重、被认同、被爱。

自我：我是不可爱的人，我是无力的人，自我价值感低，与真我失去连接。

第二步：改变，转化卡住的部分

我看到了自己的“冰山”，就有了觉察和思考：到底是什么让自己生气呢？只是因为地板不干净，需要自己打扫吗？这只是“冰山”的表层，真正的原因是自己被爱的渴望没有得到满足，所以产生了愤怒。

连接真我：深呼吸，吸入“无条件的爱”……进入自己内在的中心，连接真我……连接生命力，感受一下自己的能量……回到当下，让自己在当下扎根，然后再看看发生的这件事和自己的心路历程，有什么新的发现。

渴望：我可以先接纳自己，爱自己，尊重自己，认可自己。

期待：家庭干净整洁是我的期待，我来负责。我可以放下“丈夫要听妻子的话”这个期待。让他每天墩地是我的期待，我可以选择放下。

观点：他不墩地不等于他不爱我；他会用其他的方式爱我、爱家庭；他不墩地，不等于不为家庭负责；我可以尊重丈夫和我不同，我们的关注点不同也是好事。

感受：接纳自己的感受，拥有自己所有的感受，为情绪负责。

应对：不指责，身心一致地沟通。

行为：可以选择自己不累的时候开心地墩地，也可以和丈夫分享自己的感受。

我走完自己的“冰山”，感觉内心和平喜悦，增加了自己的觉察，原来自己生气的原因和丈夫不墩地没有关系，自己的情绪都是自己的选择。我的渴望是爱，丈夫是通过努力工作爱我、爱孩子的，爱一直都在。当我发现这些之后，自然就放下了期待，改变了想法，我能理解丈夫、尊重丈夫了，我也更能接纳自己、理解自己了。

提示

❶ 每种情绪背后都有一座“冰山”。

❷ 当我们遇到压力事件、出现情绪的时候，我们不用着急处理事情，可以先走一下自己的“冰山”，看看自己的内在到底发生了什么。先处理心情，后处理事情就容易了。

❸ 每一个情绪事件的背后都有一个成长的礼物，转化情绪就可以收获礼物。你改变了，世界就会随之改变。

教练引导法

▼

教练引导法是通过教练式提问来引导孩子，家长通过恰到好处的问题引导孩子进入内心世界，促进觉察，做出改变。如果你想要一个好的答案，需要问一个好的问题；如果你想要一个卓越的答案，你需要问一个卓越的问题。

孩子有情绪，如何引导

女儿：妈妈，那个小男孩推了我一下，他想抢我的玩具。

妈妈：他推了你，你不高兴了？

女儿：嗯，我很生气。

妈妈：你希望妈妈怎么做呢？

女儿：我希望你能跟他妈妈说一下，让他妈妈管管他。

妈妈：嗯，现在妈妈了解你的想法了，你心情怎么样了？

女儿：心情好多了。

妈妈：原来妈妈只是理解了你的感受，你就感觉好多了，是吗？

女儿：嗯。

妈妈：那个小男孩推你的时候，他的心情怎么样？

女儿：他很着急，他想玩玩具。

妈妈：哇，你好厉害呀，能读懂别人的想法了。

（女儿很开心地笑了。）

妈妈：如果再遇到这种情况，你会有什么好的应对方法吗？

女儿：我会告诉他不要推我，如果想玩的话，等我玩完了可以借给他玩一会儿。如果推我，我就不给他玩了。

妈妈：女儿有自己的原则真棒！

当孩子有情绪的时候，家长可以从以下5个方面引导孩子。

❶ 接纳孩子的情绪

可以问孩子："看到你情绪低落，是不是有什么事情？我感觉你好像很不开心，可以与我谈谈吗？你的心情怎么样？"

家长要无条件接受孩子的情绪感受，不能阻止、不能嘲笑孩子的感受，因为感受是真实的，没有对错。比如，孩子怕虫子，即使你不怕，你也要接受孩子害怕的感受。

❷ 倾听和理解孩子的内心

家长可以准确地说出孩子的感受，也可以让孩子给情绪命名。比如，家长可以问孩子："你的感受是什么？"孩子说："我很生气。"

❸ 有界限，有原则

给行为设立界限与规则，比如我可以接受他的情绪、他的愤怒，但不接受他的打人行为。

❹ 聚焦收获

引导孩子发现有效的方法，做出新的选择："假如再发生类似的事情，你会怎样做？"

❺ 拓展觉察

拓展孩子的觉察，一个人既要觉察自己的感受、想法、渴望，也要有能力去觉察别人的感受、想法、渴望，这才是高情商，才能处理好人际关系。

孩子爱玩手游，如何引导

一个高二的孩子酷爱玩游戏，一见到我，他就说读书没意思。

我：是的，确实没意思。对你来说，什么有意思呢？

他：手游最有意思。

我：你的梦想是什么？

他：游戏设计师。

我：很好，要成为一名优秀的游戏设计师需要精通什么知识和技能？

他：第一，要精通游戏程序，类似软件工程师，需要精通至少一门以上程序语言。第二，要精通美术，游戏中的画面都是由游戏美术师来制作的。第三，要精通游戏策划，游戏策划主要制定游戏的规则和玩法，比如世界观、剧情、对话、任务、数值等。

我：看来你确实认真研究过游戏设计师。要实现你的梦想，就要精通游戏开发的知识和技能，最好的学习场所在哪儿？

他：大学里面。

我：哪些大学的游戏设计专业不错呢？

他：清华大学、浙江大学、哈尔滨工业大学、北京大学等。

我：为了学好游戏设计专业，你现在需要怎么做？

他：我现在需要好好学习，先考上一所好大学。

我：为了考上理想的大学，你打算怎么做？

他：我先定一个学习计划，把高考成绩提高。

我：你打算什么时候行动？

他：今天就开始做计划，晚上就行动。

我：为了实现自己的梦想而学习，你做得很好！

这个同学现在已经考入某所理工大学，在大学里他的学习成绩很好，还获得了奖学金，因为他选择了喜欢的编程专业。

提示

❶ 孩子一说喜欢玩游戏，有些家长就否定孩子，这样孩子与你的谈话就结束了，孩子的内心对你关闭了，你也没有机会引导孩子了。

❷ 家长要做到“无知”。“不入虎穴，焉得虎子”，要进入孩子的内心，先真正地理解孩子，才能引导孩子。

比如，一个孩子喜欢看动画片，家长为了引导孩子，每天陪着孩子专心致志地看半小时动画片，这样家长和孩子之间就有了共同的话题，亲子关系会变得很和谐。当孩子出现问题的时候，家长用动画片里的故事引导孩子，可以让孩子很乐意接受。

❸ 家长要做到“无能”，在孩子遇到问题的时候，家长永远都不要比孩子更努力，要让孩子冲在前面去想办法解决问题，而家长则在后面悄无声息地给予孩子支持。你“无能”，孩子就有能。

❹ 梦想能够激活孩子的行动力。

孩子说学习没有意思，所以我引导他，用梦想激活他的内驱力，就达到了很好的效果。

经常有家长说孩子玩手机或玩游戏上瘾，认为孩子懒，不努力、不上进，家长还想控制孩子的手机，实际上真正的问题不是手机，而是孩子的内驱力没有激活。

如何引导后进生成为学霸

一个小学一年级的男孩，第一次数学考试只考了30分，全班倒数第一，他很忐忑地把试卷拿给妈妈看。

妈妈看到试卷后，心平气和地问孩子这次考试的收获是什么？

孩子：这次考试，刚开始我就遇到一个难题，我一直想、一直想，终于想出了答案，可是交卷的时间也到了。

妈妈：坚持到底、永不放弃的精神很棒！你的收获是什么？

孩子：我的收获是下次考试要先做容易的题，最后再做难题。

妈妈：第一次考试就收获了这么宝贵的经验，非常棒！

第二次数学考试，他考了60分。妈妈对他说："你进步很快，这次进步了30分。"

第三次考试，他考了80分。妈妈对他说："看！你又进步了，这就是不断总结经验、不断努力的结果。"

到初中的时候，这个男孩已经位列全年级前三名了。

提示

❶ 孩子出现问题，家长是指责、说教，还是接纳、理解，结果会有天壤之别。孩子考试是第一名还是倒数第一名都不是问题，真正的问题是家长能否有智慧地引导孩子。

❷ 没有失败，只有反馈。家长要学会给孩子反馈，家长做一面平面镜，给孩子中正的反馈，这样能够增加孩子的觉察和能量，孩子才会脚踏实地，不断前进。

❸ 否定带来否定，肯定带来肯定。当孩子失败、受挫折的时候，家长不要问孩子："出了什么错？这是谁的责任？为什么犯错？"家长可以问孩子："你想要什么？你学到了什么？这件事是如何发生的？如何让这件事成为一次机会？"

如何引导学霸走向卓越

某省重点中学一个高二的女生哭着来找我咨询。

我：发生什么难过的事情了？

她：还有两周就要期中考试了，我非常紧张、焦虑，有时候都不想活了。

我：嗯，确实压力很大，看见你的手指甲都快被啃秃了。

她：这是我减压的方式。我心里有两个声音：一个说“我要考第一”，一个说 “我做不到”。一个说“我一定要考第一”，一个说“我肯定做不到”。

我：你是追求完美的人。

她：是的，如果我努力了，就一定要成功，如果不成功，我努力就没意义了。

我：这样确实很煎熬。

她：我每次考试都考全校第二，我恨死考第一的那个同学了，这两年里她每次都考第一，在回家的路上，我都想把她杀了。

我：你认为都是她的错，是她让你不能考第一？

她：嗯，是，我恨死她了。

我：你的梦想或目标是什么？

她：成为中国最优秀的大法官。

我：非常好！那中国最优秀的大法官能伤害同学吗？

她：不能啊，但是考不了第一，我就是生气，我就是不能原谅自己！

我：面子和梦想，哪个重要？

（她思考了片刻。）

她：当然，梦想更重要。

我：你每天学习不是为了面子，你也不是为了争第一来学习的。

她：我考了第二，回到家之后，我妈妈就问我为什么没考第一。我到底是为什么而学习的？

我：你是为了实现梦想而学习的。你成为最优秀的大法官之后，你会怎么样？

她：我会帮助千千万万的需要法律援助的人。

我：非常好！这才是你现在每天学习的动力。你愿意放下面子吗？

她：可是，我妈妈给我的压力很大，她期待我考第一。

我：你愿意放下妈妈对你的期待吗？去享受学习的过程，享受实现梦想的过程。

她：愿意，我明白了。

我：你现在感觉如何？

她：感觉轻松了很多。

我：记住你的梦想，享受学习的过程。

三周之后，她第二次来咨询。一进门就大声说道："太意外了！我这次竟然考了全校第一！"

我：你是如何做到的？

她：我就是放下了期待、面子和压力，轻装上阵，也没想争第一，就是享受考试的过程。

我：内心的境界决定成败，记住你的梦想，将来帮助更多的人。

她：我一定会的！看来从第二到第一的关键是心态，高手过招比的是内心的状态。

提示

❶ 家长过高的期待对很多孩子来说都是一种无形的压力，在重压之下孩子会付出身心健康的代价，孩子只有在轻松愉快的状态之下才能做到最好。

❷ 高能的孩子一定高分，但是高分的孩子不一定高能。

❸ 高手过招比的是心理素质，高考也是如此，状态决定结果。

❹ 很多孩子学习是为了分数和名次，脱离了学习的本质，学习成了负担、压力、任务，学习变成了痛苦。孩子要调整好心态，享受学习的过程，结果在过程之中。开心的过程，一定有一个开心的结果；不开心的过程，一定有一个不开心的结果，所以要笑着学习、笑着考试、笑着成功。

孩子出现一些过激行为，如何引导

有时候，孩子可能出现一些过激行为，比如孩子要去打架等。这时候，家长不要讲大道理，一定要先静心倾听，接纳、理解孩子，然后再引导孩子。

一个初二的女孩找我咨询。

孩子：以前最好的闺密现在背叛我了，在背后说我的坏话，尤其是在我新交的朋友面前骂我是狗，背后说了很多难听的话。

我：你是如何做的？

孩子：我也在别人面前骂她，然后我们就用QQ对骂。

我：这样的结果就是两败俱伤，双方名誉扫地。

孩子：她让我很生气！我们再见面可能就要动手了。

我：嗯，我知道你非常生气，这是双输的沟通。

孩子：那我应该怎么办？马老师，您教教我吧。

我：你可以身心一致地和她沟通，一致性沟通就是“三个分享”和“三赢”的沟通。你可以先分享自己的内心，然后理解对方的内心，同时考虑你们之间的关系。比如，你可以这样给她留言：

❶ 我听到你在背后说我，我感觉很伤心，也很失望，甚至有些生气，因为我一直都把你当成朋友，我很重视我们之间的友谊。

❷ 我不知道到底是什么原因让你这样说我的，我想我们之间有误会了。

❸ 我为自己过激的语言向你道歉，以后我不会和你对骂了。

❹ 我很好奇，也想知道我们之间产生误解的原因是什么。如果你愿意告诉我，我会很开心；如果你不愿意告诉我，也没有关系。因为我相信你肯定有自己的理由。

孩子：好的，我认真研究学习一下，然后再和她沟通。

过几天，孩子跟我说：“马老师，我跟她身心一致地沟通了，是她误解我了，她也向我道歉了。原来有一个同学因为嫉妒我们的关系，在背后挑拨离间。”

提示

❶ 家长首先要做到身心一致，说真话。

❷ 需要的时候，家长要给孩子示范身心一致的沟通，这样便于孩子学习。

一个10岁的孩子哭着回家了。

孩子：今天，李大头和一个同学一起欺负我。

家长：爸爸知道你肯定很委屈。

孩子：我要报仇，我要打他们！

家长：这确实让人气愤，欺负同学是不对的，你打算怎么办？

孩子：明天在学校，他们两个分开的时候，我一个一个地打，这样才能打赢他们。

家长：你很有计划，在行动之前做好周全的计划是必需的，下面我们一起做行动计划吧。

孩子：好啊！

家长：如果打严重了怎么办？

孩子：那就送去医院。

家长：谁交钱看病？

孩子：反正我不想花钱。

家长：万一被老师发现了怎么办？

孩子：我也不想被老师批评。

家长：万一把同学打伤了，有人报警怎么办？

孩子：我不想被警察抓走。

家长：对方被打了，将来再找人报复你，你有什么方法保护自己？

孩子：那还是别打架了，太麻烦了。

家长：你真正想达到什么目的？

孩子：为自己出气，让自己开心。

家长：今天的事让你感觉很没面子。

孩子：嗯！

家长：除了打架，还有没有更好的方法，让你感觉既有面子又开心？

孩子：没有了。

家长：假如还有呢，是什么呢？

孩子：我在其他方面赢得同学的尊重，比如好好学习和参加一些竞赛。

家长：很好！那如何处理和李大头的关系呢？

孩子：我不再招惹他们，不和他们逗着玩了，远离他们。

家长：还有吗？

孩子：还有，我和他们化敌为友。

家长：还有吗？

孩子：我要变得更强大，多交几个好朋友。如果有人帮助我，他们就不敢再欺负我。

家长：这些方法都很好。什么是真正的强大呢？

孩子：真正的强大应该是内心的强大，拥有很好的同学关系，学习好、能力强。

家长：非常好，下一步你打算如何做？

孩子：努力学习，提高自己的成绩。同时，尊重同学，帮助同学。

家长：做得很好！

引导孩子的5个步骤

❶ 同理心，建立信任

家长要对孩子传递出："我能理解你，我能帮助你"，这样孩子才愿意继续和家长交流下去。当孩子说"我要报仇，我要打他们"，家长不要马上否定孩子，而是理解孩子，接纳孩子的情绪，与孩子共情。

❷ 顺势引导

让孩子自己觉察到过激行为的严重后果，主动改变自己的行为。

好问题的背后是有能量的，家长要带着好奇、尊重、没有预期的能量状态，来引导孩子发现自己内在的智慧。

❸ 发现孩子的目标

家长可以这样给孩子示范："你可以告诉我，你这样做的目的是什么？你的意图是什么？你是不是想获得快乐？"

❹ 化解危机

家长可以这样给孩子示范："除了打架，还有没有更好的方法让你感觉有面子又开心？除了这种方式，还有什么其他更好的方式能实现你的目标或意图？”

好的问题就像一个调频器，能调整孩子的频率，让孩子进入探索的状态，拓展孩子的思维和觉察。

❺ 肯定孩子

家长可以这样给孩子示范：“你做得很好！你可以通过其他更好的方式实现你的意图。”

如何训练孩子轻松提分

中考前两个月，我受邀去某孤儿院给40多个孩子做了两天的心理辅导。

心理工作坊活动结束后，一个正在读初三的孩子问我：“我现在成绩中等，我想提高分数，您有时间帮我训练吗？”我告诉他训练大概需要20个小时，要保证时间。

我专门为这个孩子量身打造，进行了系统训练，包括潜能开发心理训练、最佳学习状态训练、最佳考试状态训练。

9月份，孩子非常开心地打来了电话：“我中考的分数比平时的水平多考了70多分。现在我已经开学了，在一所重点高中上学！”

如何训练孩子轻松提分呢？核心是训练孩子进入最佳学习状态、最佳考试状态。状态决定结果。比如，高考的时候，有些学生状态不佳少考几十分，而能够进入最佳状态的学生却可以多考几十分。

提示

❶ 所有的学习问题本质上都是心理问题

一个孩子最重要的能力就是心态调节的能力。移除孩子内在的心理障碍，比如不自信、消极信念、情绪等，孩子的学习效率自然就会提高。

消极的状态会导致消极的结果。两个高三女生是好朋友，并且都是学霸，每次考完试，一个说："完了，我没考好。"另一个说："我比你差。"一发试卷，一个是班上第一名，一个是班上第二名，班上的同学都说她们两个真能装。

高考一结束，这两个女生中的一个说："完了，我没考好。"另外一个也说："我才没考好呢。"结果，她俩的成绩真的一落千丈，总喊"狼来了"，"狼"真的来了。这就是消极的心理暗示导致消极的结果。

❷ 学习状态、考试状态决定学习和考试的结果

高考之前，我在某所高中给高三的全体学生做了连续两天的学习力提升的心理训练，其中有一个训练环节"小鸟与石头"，就是通过催眠训练，引导学生进入放松和坚硬两种不同的潜意识状态，唤醒潜能，提高学习力。

几个月之后，一位班主任给我反馈："在训练的时候，我认真观察了全班所有的同学，凡是能够流畅进入潜意识状态的同学，最后都考上了好大学；凡是当时没有进入状态的同学，高考结果都一般。”后来，一些考上名牌大学的学生给我的反馈结果也是这样的。

通过这所中学高考前的心理训练结果来看，身心合一的程度与高考成绩呈正相关，身心合一程度越高，最后的高考分数越高。

在课堂上，我问了一个问题：“宽一米的断桥，在地面上你能跳过去，在50米的高台上面，同样是宽一米的断桥，你还能跳过去吗？”大多数学生都说“不能”，因为心理状态是紧张、焦虑、害怕、有杂念的。

中考和高考也是如此。中高考的这些题型，平时孩子都做过，甚至都会做，但是在中考和高考的考场上，就不一定能做出来，因为中高考是一种压力测试，中考和高考的考场就像50米的高台。当孩子面对重大的挑战和压力时，状态决定成败。

如果孩子能调整到最佳状态，身心合一，意识和潜意识合一，在考场氛围的激励下，孩子会超水平发挥，甚至比自己的正常水平多考几十分。如果孩子状态不佳，紧张、焦虑、恐惧，就会比自己的正常水平少考几十分。

❸ 变“厌学”为“乐学”

某重点高中的一个高一学生因为厌学来找我咨询。

我告诉她：“厌学是因为意识和潜意识不一致，这样就会导致内心矛盾，内耗会导致学习效率低。你的内心经常出现两个对抗的声音，一个声音说‘我要努力学习’，另外一个声音说‘玩游戏才开心’。这样的状态下潜能发挥不出来，学习的效率就会很低。你需要20次左右的心理训练才能达到身心合一的听课状态。”

经过3个月的心理训练之后，她又来找我咨询。

她：马老师，我现在非常害怕。

我：发生了什么？

她：最近的期末考试我不仅总分是年级第一，七门单科成绩也是年级第一。现在一考试我就是第一，我很害怕，因为我也不清楚为什么自己总是第一，我也没有比其他的同学付出更多的学习时间。

我：你是不是听课的时候高度专注？

她：是的，上课的时候特别放松、愉悦、忘我，就好像进入了催眠状态一样。

我：这就是意识和潜意识合一的状态，不用害怕，继续享受学习，笑着成功。

❹ 影响每个孩子高效学习的因素不同，需要量身打造行动计划

北京市某所重点高中的一个高二学生，在平时的考试中都是班级前五名，一到关键的期中、期末考试，她的成绩就会下滑到十几名。她来找我咨询的时候，我发现她每次大考前一天的晚上都会因为紧张而失眠，这样就会影响第二天的考试状态。

针对这种情况，我对她进行了一个周期的心理训练，同时，教她自我催眠，改变她潜意识中的一些“病毒性”信念，训练她的神经系统恢复平衡和弹性。她放下了对考试结果的过度关注，还学会了排除人际关系的干扰。

经过20次的心理训练之后，她的成绩稳定地保持在了班级前三名。

孩子考前焦虑、失去自信，如何引导

高三学生晓兰在实验班。平时她的考试成绩在班级里排十多名，但她在第一次模拟考试中发挥出色考了第五名，这提升了她的信心，她的目标就是要考入名牌大学。

第二次模拟考试前，晓兰的目标是考进班级前三名，由于对自己期待过高，她感到紧张、焦虑，第一科就感觉自己发挥失常。她考数学的时候，大脑一片空白，晕倒了，被送去了医院，数学考了0分。

这次考试之后，她对自我产生了怀疑，老师鼓励她："你的实力是没有问题的，要有自信。"她说："我相信不了自己，高考估计是考不好了！"

家长对她说："考不好也没关系，正常考完就可以了。"听家长这样说，晓兰更加焦虑了，她回到家就强迫自己写作业，认真研究了3个小时之后，很多题还是不会做，最终她情绪失控，大哭不止，把家长给吓坏了。

于是，晓兰的妈妈拉着她来找我做心理辅导。晓兰一进门就对她妈妈说："我没有心理问题！什么时候结束咨询啊？"我对她说："嗯，我知道你没有心理问题，你是被妈妈'绑架'过来的吧，你不想浪费时间。"

晓兰点点头，她感觉我理解了她的内心。

我：你希望被尊重。我的工作就是专门帮助优秀的孩子实现目标，如果你愿意的话，我们就沟通1个小时？

她：那好吧，我现在经常想高考的结果，一想到马上就要实现目标了，我就很高兴，随之而来的就是紧张、害怕，万一高考时自己和这次考试的情况一样，发挥失常怎么办？我感觉自己有心理阴影了，特别矛盾，对高考又期待又害怕，最近我无法安心学习，如何克服紧张呢？

我：不用克服紧张，你把注意力收回来，放到每天的学习任务上面，专注做好每一道题，享受学习的过程，就不紧张了。

她：我现在已经对自己失去信心了，一做题就心烦意乱，会做的题也不会做了。

我：当你恐惧的时候，是什么阻碍了你去行动？

她：自己的想法、杂念很多，认为自己没有能力了，已经不会进步了。

我：是什么干扰了你，让你不能专注学习，去实现目标？

她：我的期待。第二次模拟考试的时候，我对自己的期待太高了，所以对自己很失望。

我：没关系，期待和杂念都是可以放下的，你的真我的潜能是无限的。你在椅子上中正坐好，然后，做3次深呼吸……慢慢地闭上眼睛，想象一个自己最成功、最自豪的画面，你充满了自信和力量，描述一下这个画面……

她：演讲比赛的时候，我拿到了一等奖，上台领奖的时刻，非常自豪、自信……

我：想一想，当时老师们对你说了什么？同学们用什么样的眼光看你？在现场你看到了什么，听到了什么，感觉到了什么……

她：老师说我不仅学习优秀，演讲也出类拔萃！同学们都投来了敬佩的眼光，我全身都充满了自信。

我：每当你想一想这个画面，自信的感觉就会回来。相信你的潜意识，高考的时候，你会流畅地发挥。即使遇到一两道难题，你也可以保持冷静，顺利答题，自信应对。一切都会轻松顺利……

深呼吸让这种自信的感觉充满全身每一个细胞，每当你想到这个画面的时候，你的全身就充满了自信，用心体验这种自信的感觉30秒……慢慢地睁开眼睛。做得很好，你现在感觉如何？

她：现在感觉气定神闲，充满了自信。

我：很好！先自信，后成功，为了实现目标，你愿意采取的三个行动是什么？

她：不考虑高考的结果，开始做题；重点研究错题本，每天背两个解题思路；找回做题的自信。

我：非常好，专注做每一道题，享受学习的过程。

快乐与成功是好朋友，学习的时候越开心，学习的效率越高。每天不快乐的人很难成功，即使勉强成功了，也会付出巨大的健康代价。你专心学习1个小时相当于别人不专心学习3个小时。

她：是的，高考是一件快乐的事情，我要享受高考的过程。

我：假如20年后的你非常成功，20年后的你要给现在的你一些建议，她会说什么？

她：高考一生一次，好好珍惜，专注过程，忘掉结果。

我：做得很好！1个小时到了。

她：太快了，下次有机会我还可以来吗？

我：当然可以。

最终，在高考的时候，她超水平发挥考上了名牌大学，之后还去了世界名校留学读研。

5种技巧重塑孩子的自信

❶ 利用孩子过去成功的经验

孩子的意识会“忘记”自己拥有很多成功的经验。引导孩子体验过去的成功经验，可以激活孩子的自信，帮助孩子发现应对高考压力的资源。

可以问孩子：“过去最成功的事情是什么？什么时候你曾经解决过类似的问题？”

❷ 用未来成功的自己教育当下的自己

可以问孩子：“假如20年后你非常成功，那时的你要给现在的你一些建议，你会说什么？”

❸ 激发孩子去行动

激励孩子去行动，迈出第一步，在行动中调整，有效坚持，无效改变。

可以问孩子：“为了实现你的目标，哪怕只做一点点的行动，你打算如何做？”

❹ 改变对高考的信念

从“高考是一件可怕的事情，想逃避高考”变成“高考是一件快乐的事情，享受学习，享受高考”。

❺ 打破恶性循环

恶性循环：自我怀疑—不行动—焦虑—更自我怀疑……

良性循环：相信自己—积极行动—积极反馈—更相信自己……

用“六个关键词”引导孩子脱离自杀危险

自杀的人其实并不想自杀，他只是想逃避痛苦，如果有一种更好的方式帮助他实现意图，他就不会选择自杀。

近年来，青少年自杀事件时有发生，学校预防自杀教育几乎是一片空白，同样，家庭教育对这一问题也未引起足够重视。自杀已成为15～40岁人群的首位死因。据世界卫生组织统计，在全球1/3的国家中，青少年是自杀风险最高的人群。

在17岁以下的儿童青少年中，大约有3000万人受到各种情绪障碍和行为问题的困扰。

家长如何预防悲剧的发生

自杀的人在选择自杀之前会有一些征兆和信号，以下自杀倾向有助于提前判断是否有自杀行为。

❶ 表露自杀想法（谈起自己想死的愿望和决心，或在日记、绘画等中流露出来）。

❷ 总是和别人谈论死亡的话题或想到死亡的事情。

❸ 谈论绝望感、无助感或人生无价值感，处于抑郁状态并经常哭泣。

❹ 谈论明确的自杀计划。

❺ 分配个人财产或安排后事（无缘无故收拾东西，向人道谢、告别、归还所借物品、赠送纪念品等）。

❻ 大胆尝试可能导致死亡的冒险行为、自残或者有冲动的行为。

❼ 大量饮酒。

❽ 行为咄咄逼人，或突然出现镇静。

❾ 突然地、出乎预料地由悲伤情绪转为平和安详，甚至表现出愉快的样子。

❿ 专心琢磨自杀方法，寻找实施自杀的有关信息（如通过互联网），寻找自杀的手段或工具（刀枪、绳索、药品等）。

很多人对自杀存在误解

❶ **谈论自杀的人，并不会自杀。**其实80%的人在自杀之前会谈论与自杀相关的话题。

❷ **自杀者想死。**事实上很多人并不想死，他们只是想摆脱那个令人无法忍受的境遇，大部分曾经想要自杀的人现在都很高兴自己还活着，他们说当时其实并不想结束自己的生命，只是想终止痛苦。他们当时实际上处于生与死的矛盾状态之中。

❸ **只要有一次自杀，他总会自杀。**自杀危机只与危机情景和压力有直接联系。

❹ **一旦自杀不成功，自杀的危险就过去了。**只要危机情景没有消除，自杀的危险就依然存在。

❺ **和青少年学生讨论自杀问题会诱导自杀。**

希望家长提高警惕，关爱生命，一旦发现孩子或者周围的人有自杀倾向，发现自杀的征兆和信号，请及时寻求专业的帮助。

在工作过程中，我辅导过30多个出现自杀危机的来访者，幸运的是经过危机干预之后，这30多个来访者都选择了听从生命力的声音，好好活下去。这让我更加相信生命的力量，无比地感恩，感恩生命，感恩上天。

王某某，男孩，上初三，性格内向，对同班一女生产生了朦胧的情感。每天学习心不在焉，在他心中，那女孩就是“女神”，他身不由己地陷入情感泥沼，并且嫉妒与“女神”接近的男同学。在中考前一个月，终于鼓起勇气向“女神”表白，结果遭到拒绝。他备受打击，万念俱灰，成绩急转直下，给父母留言：“活着太累了，我的未来是黑暗的，如果我走了，请不要为我伤心。”幸好被妈妈及时发现，妈妈带着他来找我做心理辅导。

第一次辅导时，我通过下面这六个关键词引导孩子脱离危险。

家长也可以通过六个关键词引导孩子

❶ 共情

家长：我知道你很难受，遇到了什么困难和妈妈说一下吧。

家长通过共情、准确的同理心，和孩子建立信任的关系，理解孩子当下的感受。家长无条件的接纳、理解能够打开孩子的心门，之后孩子才愿意和家长继续沟通。

❷ 目的

家长：你想要的是什么？你这样做的目的是什么？

孩子：我不想失恋，不想痛苦，想要她对我好。

❸ **意图**

家长：你真正的意图是什么？假如她真的对你好了，你感觉如何？

孩子：我感觉很开心！

家长：你真正想要的是不是开心快乐？

孩子：是的。

❹ **方法**

家长：除了自杀这种方式，还有什么更好的方法能够让你开心？

孩子：没有了。

家长：假如还有，会是什么？

孩子：玩游戏、听音乐。

家长：还有吗？

孩子：吃烤鸭，大吃一顿……

自杀的人本质上并不想自杀，他只是不想面对痛苦，他是想通过自杀的方式逃避痛苦，如果有一种更好的方式让他不痛苦，他就不会选择自杀了。

❺ **肯定**

家长：做得很好！你很有能力，现在你就可以通过更好的方式去实现自己的意图。

❻ **希望**

家长：她在等你，今天的拒绝是为了等待一个更优秀的你。

给孩子希望，化绝望为希望非常重要，因为自杀的人都是感到绝望之后，才选择不归之路的。

家长在第一时间，通过这六个关键词引导孩子脱离危险之后，最重要的是对孩子还要有持续性的支持。家长要保持最佳父母状态，对孩子做到无条件的爱、接纳、理解、肯定、尊重、信任。

家长在引导孩子的过程中，要注意以下几点。

❶ 不评判，不讲大道理

有自杀企图的人向身边的人倾诉，既是释放也是一种求救的信号。面对已经万分无助的他，我们不要否定评判其想法：“你就是想得太多了。”这种评判并不会让他改变想法，只会让他感受到不被接纳、不被理解。不要说“你爸妈怎么办”，这样用亲人、朋友给他施加压力的话，只能增加他的内疚、自责。

需要做的是，鼓励他说出自己内心的想法，接纳他的情绪而不做任何评判。同时注意不要对他的负面观点表示赞同。可以说：“嗯，你感到活着很没意思，很痛苦”，但不要说“活着确实没什么意思”。

❷ 不回避探讨自杀

当他主动提起自杀话题时，他可能是发出一种求救信号，在表达他有多么痛苦。我们感觉到了危机时，可以在沟通的时候询问：“在你感到痛苦、绝望的时候，你想过结束生命吗？”

通过交流可以了解他的感受、想法、对自杀的理解、自杀计划以及是否有过自杀经历，等等。这既是一种分享和释放，也可以得到很多重要的信息，甚至能在关键时刻拯救生命。

❸ 若突然好转，不要放松警惕

孩子突然表现得很轻松、平静，或者有其他的“好转”迹象，有可能是因为他已经决定了走向死亡。

如果孩子的心理障碍没有完全解决，还需要找专业的心理咨询师继续做心理咨询。两天之后，妈妈带着王某某第二次来找我做心理咨询。

因为第一次咨询建立了信任关系，达成了约定，我让他两天之后再来找我沟通。这次他来了之后，一言不发。他沉默，我也沉默。15分钟过去了，我对他说：“你的自我管理能力很强，很有潜力。”他疑惑地看着我。我继续说：“你能够控制自己一言不发，说明你非常有耐心，很有定力！我需要好好向你学习，你如何做到的？”

他说：“我比较内向，平时也不喜欢说话。”

我说：“我也是一个内向的人，今天，我会把你介绍给两个内向的人，你准备好了吗？”

他说：“都是谁？”

我说：“一个是你，一个是我，请给自己一个允许，有这两个人理解你、关心你，我们就可以一起处理过去的事情了。”

接下来，我又从四个方面系统地引导他转化内心。

❶ **化解他的情绪**。愤怒、悲伤、痛苦、失望、挫败感、自卑感、孤独。化情绪为能量，化愤怒为关心。

❷ **改变他的消极信念**。她拒绝我，是因为我不够好，我被世界抛弃了，我没有能力，我很笨，我是一个没有价值的人。

❸ **满足他的心理需求，提高自我价值**。通过接纳他、理解他、肯

定他，引导他学会爱自己。

❹ **引导他连接生命力，真我会做出最好的选择**。选择求生，活出真我。

在过程中，我会问一些问题来引导他，比如：

你不喜欢痛苦，但是你愿意接纳吗？

你值得拥有开心的生活吗？

你愿意放下对别人的期待吗？

你愿意为自己负责吗？

你打算如何爱自己？

你是否愿意做一个承诺，在我们共同努力的过程中不伤害自己？

你愿意为自己活下去吗？不为别人，只是为了自己好好地活下去？

下一步，你打算如何运用你的智慧去发展自己？

……

一周之后，王某某和我进行第三次沟通，经过心理评估，他已经走出了危机，他也总结了通过这次经历他学到的经验和收获。

如果家长处理得好，危机就是成长的机遇。

提示

❶ **大多自杀未遂者的自杀行为带有明显的冲动性。**在659个自杀未遂案例中，只有38%的未遂者在自杀当时诊断有精神障碍，37%的未遂者在采取自杀行为前考虑不超过5分钟，60%的未遂者在采取自杀行为前考虑不超过2小时，60%的人在自杀前有急性诱发事件发生。

❷ **干预的目标。**针对“无法逃避的”问题，要显示出问题是可以解决的。针对“无法忍受的”问题，要显示出无法忍受的感受是可以改变的。针对“永无止境的”问题，要显示消极的感受是可以结束的。

❸ **自杀危机干预六步骤。**确定问题，保证安全，给予支持，提出并验证可变通的应对方式，制订计划，得到承诺。

❹ **危机干预的要点。**

- 保持冷静，耐心倾听。
- 让他说出自己内心的感受。
- 要接纳他，不对其做任何评判。
- 不要急于说服他改变自己的感受。
- 询问他们是否有自杀的想法。比如：“你是否有过很痛苦的时候，以致让你有想结束自己生命的想法？”（询问一个人有无自杀念头不但不会引起自杀，反而会挽救他的生命。）

- 相信他所说的话，任何自杀迹象均应认真对待。
- 不要答应对他的自杀想法给予保密。
- 让他相信别人可以帮助他，并鼓励他寻求别人的帮助。
- 要尽量获得同伴的帮助以便与你共同承担责任。
- 如果你认为他即刻自杀的危险性很高，要立即采取以下措施：

  安排专人陪伴，不要让他独处；

  去除自杀的危险物品，或将他转移至安全的地方；

  必要时陪他去精神卫生机构寻求专业人员的帮助。

总之，自杀危机是一个复杂的事件，其间有多重矛盾的情感交织在一起，大约在24～72小时内危险性最大，至少要有2人承担干预工作，及时向有关方面通报情况。

顺势引导法

▼

为什么要顺势引导

❶“逆势”让孩子的问题变严重

《道德经》中讲顺其自然，这就是教育之道。在孩子出现问题的时候，很多家长都想直接改变孩子的行为和想法，喜欢说教甚至控制孩子，强迫孩子改变。这些方法都是逆势而为，会导致孩子的问题越来越严重。

一个读中学的孩子参加过一些夏令营，感觉很不好，也没有收获，从此之后，孩子对所有的夏令营都不想参加了。但是，家长是我的一个学生，她想让孩子参加“最强内心”夏令营，家长没经过孩子的同意就给孩子报名了，想强迫孩子参加，结果孩子说什么也不参加。

家长问我：“怎么办？”我说：“家长一定要尊重孩子的意愿才行，如果孩子愿意的话，可以参加下次的‘最强内心’冬令营。”

家长在工作坊学习了半年，已经学会尊重和引导孩子了。在冬令营报名之前，家长和孩子进行了一番沟通。

家长：你的问题，数学老师能帮你解决吗？

孩子：不能。

家长：你的困难，语文老师能给你答案吗？

孩子：也不能。

家长：为了实现你的目标和梦想，爸爸妈妈有方法吗？

孩子：没有。

家长：为了实现你的目标和梦想，谁能给你帮助？

孩子：马老师能帮我，我想参加“最强内心”冬令营。

最好的说服是引导孩子自己做出选择，自己发现答案，这就是顺势引导。

❷ 顺势引导能够化问题为成长

一个8岁的小女孩看了一部恐怖片，晚上不敢睡觉。孩子说：“房间里有魔鬼、有怪兽，我要是死了怎么办？”妈妈对孩子说：“你别胡思乱想了，没有妖怪。”

小女孩还是很害怕，不敢关灯睡觉，连续一周，每天晚上都做噩梦。妈妈来找我咨询，我告诉她可以顺势引导。晚上孩子又对妈妈说：“房间里有魔鬼！”妈妈说：“太棒了！我们一起玩一个抓魔鬼的游戏吧。”

妈妈陪着孩子蹑手蹑脚地在房间里面找“妖怪”，经过一场“殊死搏斗”，“妖怪”落荒而逃。最终，她和妈妈在大衣柜里面找到了一个布娃娃。妈妈对孩子说：“你看，原来是一个布娃娃，它是一个小天使变成的。”

妈妈把这个布娃娃放在孩子的枕头旁边，让它做小女孩的保护天使。从此，孩子不再害怕魔鬼了，跟妈妈的关系也变好了。

分析

这个妈妈最初说“你别胡思乱想了，没有妖怪”，其实就是在否定孩子，不接纳孩子，这样做就会导致孩子的问题越来越严重。

当妈妈采用顺势引导法，把孩子的问题变成了一个亲子游戏后，不仅解决了孩子的问题，同时也让亲子关系更亲密了。

❸ 顺势引导能够化尴尬为幽默

一个高一的孩子心情压抑，感觉自己总是处理不好同学关系，于是来找我咨询。

孩子：我与同学交往，经常放不开自己，感觉自己太严肃认真。别人的一句话可能就会让我不开心，感到压抑。

我：你可以说一件令你感到尴尬的事吗？

孩子：比如，我的同学问我：“为什么你经常说‘对不起’啊？”

我：你是怎么回答同学的？

孩子：当时，我不知道如何回答，感觉很尴尬、很紧张，所以就否定了对方。我说没有啊，我没说“对不起”啊。

我：顺势接纳是不管对方说什么话、抛过来什么“球”，我们都先把“球”接住，然后我们就对“球”有了控制权。如果我们先否定，接不住“球”，我们就对“球”失去了控制权。

孩子：如何接住对方抛过来的“球”呢？

我：如果你的同学问你“为什么你经常说对不起啊？”，你说：“《因为爱情》（歌名）。”你可以顺势而为，打一个岔，开个玩笑。

（孩子笑了。）

孩子：还有一件事很尴尬，我的成绩在班上排名倒数第一，但是有的同学就喜欢问我的排名。

我：敢于自嘲的人最自信，你可以说“我的名次就是全班的人数”。

孩子（哈哈大笑）：这样聊天很好玩！

我：为什么你这次考试倒数第一？

孩子：我喜欢孔融让梨。

我：做得好，看来你学会啦。

❹ 顺势引导是一种智慧

一名学生从小学开始经常上课迟到，所有的课都迟到。

高一的时候，第一次上物理课，他依然迟到了，物理老师没有像以前的老师那样批评他，而是慢慢地走到他的身边，在他耳边悄悄地说了一句话，他从此上物理课再也不迟到了。

20年过去了，在同学聚会时，这个同学又遇到了物理老师，他说：“我特别感谢您，当时您的一句话点醒了我，我再也不迟到了，并且学习特别认真。”

物理老师已经忘了自己当时说了什么。“您当时在我耳边说：‘你没有迟到，你比下节课早来了40分钟，加油！’”这个学生说道。

分析

这个学生既然经常迟到，那肯定就有经常迟到的理由。有智慧的老师能够放下自己的评判，尊重孩子的选择和价值，顺势引导孩子。

诸葛亮六出祁山的时候，司马懿不敢和诸葛亮硬碰硬，他的战略就是坚守不出，跟诸葛亮耗着，因为他知道蜀军缺少粮草。诸葛亮想速战速决，就用激将法，派使者给司马懿送去女人的衣服，羞辱他，刺激他出兵。

司马懿是如何回应呢？他直接穿上了女人的衣服，将计就计，跑到河边，隔着河跳舞，故意让诸葛亮看见，气得诸葛亮吐血生病，最后病死在五丈原。

司马懿就是顺势而为。抱怨、生气是没有智慧的表现，于事无补，只会浪费时间，失去化解问题的最佳时机。

家长遇到孩子的任何问题都要先接纳，然后顺势引导。

什么是顺势引导

简单地说，顺势引导就是先接纳、后引导。顺势引导的原则如下：

- 顺势接纳，顺势引导；
- 先接纳，再增加；

- 支持、合理化；
- 对所有发生的事说“是的”，不管出现什么问题，先接住孩子抛过来的“球”，承认事实、不拒绝、不否定。

顺势引导是不对抗，顺势而为，用最小的力达到最大的教育效果，产生教育中的蝴蝶效应。

在做心理咨询的过程中，我辅导过一些患有强迫症的来访者，他们非常痛苦，因为他们喜欢控制，喜欢对抗，总想消除一个画面，所以问题越来越严重。比如，“请你不要想象一个黄色的柠檬，它是酸酸的，闻起来是清香的……”你在阅读这句话时，可能你的脑海里还是会浮现出一个柠檬的形象，甚至会口舌生津。所以，控制对抗会适得其反。

顺势引导是在接纳现状的基础上增加一个东西。对孩子的一些坏习惯和毛病不去纠正，而是先接纳，然后再培养新的好习惯。比如，孩子考试容易紧张，家长如果让孩子不要紧张，他反而更紧张，所以要让孩子学会放松，当孩子学会放松的时候，自然就不紧张了。

不要想着直接改变现状，而是要先接纳现状，然后在现状的基础上增加一些东西，让过去不好的被好的替代了，这就是顺势引导，学会做加法。

有一个孩子因为不喜欢语文老师，连带着不喜欢语文课，他的家长顺势引导他，让他改变了以前的想法。

孩子：我一直都不喜欢语文老师，所以我对语文也失去了兴趣。

家长：你不喜欢语文老师，你最不喜欢语文老师的是什么？

孩子：我最不喜欢他经常挖苦同学、说话太损。比如，一个同学回答问题错了，他就说“脑子又进水了吧！”

家长：这对你有什么影响？

孩子：让我心里面感觉很不舒服，我们不被尊重，以至于不想听他讲课，语文成绩下降很快。

家长：你渴望被尊重，你不喜欢语文老师说话太损，那你喜欢他的哪些方面？

孩子：我喜欢他说话幽默，讲课方式能够创新，不照本宣科。

家长：假如他能够尊重你的话，你喜欢他在什么事情上尊重你？

孩子：在回答问题的时候。

家长：在你回答问题的时候，他怎样尊重你？

孩子：态度上再温和一些，看到太严厉的眼神，我会紧张、害怕。

家长：还有吗？

孩子：我回答错了的时候，别批评我。

家长：对你来说，是老师的说话态度重要，还是你的成绩提高重要呢？

孩子：嗯，应该还是提高我的成绩更重要吧。

家长：你愿意有空找语文老师沟通吗？跟老师分享一下你的感受和想法。

孩子：我不敢面对他。

家长：我知道你现在不敢，过一段时间等你做好了心理准备，你再去找语文老师身心一致地沟通。

孩子：好，我做好准备了就去沟通。

家长：谁应该为你的成绩负责任呢？是老师，还是自己？

孩子：是自己！

如何顺势引导

善于利用

10岁的小李是一个好动的小学生，上课的时候坐不住，小动作不断，经常违反纪律，还经常和同学争吵，所有的老师都拿他没办法。班主任让家长带着小李去医院治疗多动症，家长却说："我们孩子没病！"班主任被气得生病了。学校只能换了另一位张老师任他们班的班主任。

张老师一进教室，小李就兴奋地跳起来，跑到讲台上，嘴里喊："新老师来了！"班长对小李说："赶紧回自己的座位！"小李站在讲台上面一动不动。张老师接着说道："站在讲台上正好，今天的课就由我和小李老师一起给大家讲。"

张老师讲了5分钟，说："下面让小李老师给大家讲一下听课的收获。"小李分享了自己的感悟。同学们一起鼓掌，小李在同学们的掌声中开心地回到自己的座位，并且坐得特别直。

张老师没有批评小李违反纪律，而是利用他好动的特点，给他安排了很多任务：做课代表，帮着老师发作业、收作业，还管纪律……

小李不仅得到了老师的肯定，而且自己也乐此不疲。

张老师把他与一个数学成绩最差的同学分在了一组，组成了一帮一学习小组。小李每天给这个同学讲数学题，他一开始很急躁，经常向张老师抱怨：“他太笨了，这智商我受不了！”张老师说：“只有你能够帮助他提高成绩，别人都不行。”

慢慢地，小李有了耐心，内心也变得平静了，同学们对他的看法也都改变了，一年后小李被同学们评为了三好学生。

分析

善于利用，就是利用孩子的“缺点”和“问题行为”进行引导，化问题为教育契机，化“缺点”为优点。

小李同学本来是违反了纪律，但张老师没有批评他，而是顺势引导，肯定他、鼓励他、转化他，把小李多动的“缺点”变成了优点。

借用老师的力量引导孩子

一个高三男生其他学科的成绩都不错，就是语文一直学不好。在高一、高二的时候，每次语文考试都是30多分。到了高三，他第一次语文考试考了40分，全班倒数第一，语文老师把他叫到了办公室，他垂头丧气地对老师说："我不喜欢语文，我学不好语文。"老师对他说："以前的成绩跟高考没有关系，从明天开始，每次语文课我都会问你一个问题。"

因为老师要提问，他开始认真听语文课，课下也认真复习，老师对他提的问题也是从易到难。高考的时候，他语文考了100多分，上了理想的大学。他获知高考成绩后，特意去感谢了语文老师。

老师对他说："你最应该感谢的是你的妈妈。"原来，刚上高三的他语文考了40分之后，他妈妈就来请求语文老师给他提供帮助。

教师和家长恰到好处的一个小小的改变，就会对孩子产生巨大的影响。

"三个yes"+"一个引导"

在和孩子沟通的时候，家长如果一开口就把话说错，孩子就不愿意听了。家长要连续说对三句话，每句话都让孩子的潜意识点头说"yes"，认可你所说的，然后用第四句话来引导孩子。这样，孩子就容易听你引导了。

家长：孩子逆反怎么办？

我：逆反很好，说明孩子有创造力。（第一个yes）

家长：孩子不听话怎么办？

我：不听话很好，说明孩子有主见。（第二个yes）

家长：孩子经常上课迟到怎么办？

我：说明孩子是负责任的人，即使迟到也还是去上课了。（第三

个yes）

我：孩子所有的行为背后都有积极正向的意图，你能看到吗？（引导家长）

家长：哦，能看到一些了，我现在能理解孩子一些了……

孩子放学后低着头回到家，直接进入自己的房间。

家长：爸爸看到你低着头。（第一个yes）

家长：脸上也没有笑容。（第二个yes）

家长：直接进入自己的房间。（第三个yes）

家长：今天是不是发生了什么事情？（引导）

孩子：是啊，和同学吵架了……

如果家长说了三句话，孩子的潜意识都是摇头，后面再说什么，孩子都不会听了，因为孩子内心的大门已经关上了。

在和孩子沟通的时候，家长要通过三句话让孩子清楚你是理解他的，然后你再引导孩子，孩子就愿意听你的话。

孩子不听家长的话，说明家长没有把话说对，没有把话说到孩子的心里去。

孩子身上出现的厌学、逆反、网瘾、早恋等都不是问题，都是教育的资源和机会，家长要做的就是顺势引导，引导孩子走向卓越。

第十一章

点醒：如何点醒孩子的内心

11

为什么很多家长与孩子沟通，孩子不愿听？因为很多家长的沟通没有用心设计。高品质的沟通是一门艺术，需要精心地设计步骤。

点醒内心的地图——情境评估与心理评估

▼

以“厌学”为例，每个孩子厌学的原因都是不同的，所以遇到一个孩子厌学的时候，要通过观察和倾听，找出孩子厌学的外在情境原因和内在心理原因。

然后再通过孩子的反馈找到证据，去核对自己的评估对不对，如果不对就及时调整，如果对了就可以量身打造应对方法，点醒孩子的内心。

情境评估：孩子厌学的外在情境原因

❶ 家庭系统

一个初三的孩子厌学了，原因是姐姐找对象了，她感觉姐姐对自己没有以前好了，而且姐姐也曾经辍学一年。

❷ 家长身心不一致的沟通

一个初一的孩子厌学，因为家长总是说 “你应该先完成作业，才能做别的事情”，孩子很烦躁，不愿意写作业，家长与孩子天天吵架。

❸ 家长的状态不对

一个高三的学霸厌学了，天天玩游戏。他在全省最好的高中读书，妈妈陪读，期待孩子考上清华大学或北京大学，妈妈经常告诉孩子：“大学就是一个平台，‘清北’是一个档次，如果你去不了，几年之后你的档次就与‘清北’的学生差远了。”妈妈期待过高，孩子当学霸的压力太大，所以不想学了。

❹ 师生关系

一个四年级的孩子厌学，因为害怕被老师批评，不敢去学校。英语老师经常批评孩子：“这么简单的单词都记不住，脑子进水了吧！”

一个初二的孩子厌学，因为她对班主任安排的座位不满意。

一个初三的孩子讨厌数学，因为她不喜欢数学老师。

❺ 同学关系

一个初二的孩子经常被同学欺负，所以不去上学了。

❻ 基础差

一个高一的孩子厌学，因为自己的基础差，请家教补课，努力学习了一个月，考试成绩没有上升反而下降了，于是失去了学习信心。

❼ 老师讲课的方式

一个高二的孩子厌学，因为听不懂老师讲的内容。

❽ 朋友关系

一个中学生交了几个不学习的朋友，自己也逐渐不学习了。

除了上述原因，还有不和谐的父母关系；不和谐的亲子关系；青春期问题，如早恋；社会影响，如网络、手机游戏等。

我辅导过不计其数的厌学孩子，每个孩子厌学的具体情境都是不同的，一定要理解孩子所处的情境，善用情境资源，只有这样才能更好地点醒孩子，化厌学为乐学，孩子都是在情境里面转化的。

心理评估：孩子厌学的内在心理原因

❶ 自我期待过高；

❷ 情绪问题：心浮气躁、情绪不稳、紧张、焦虑、抑郁、恐惧等；

❸ 在学习上无成就感；

❹ 消极的自我催眠，把学习与痛苦连接起来；

❺ 对学习的价值不清楚；

❻ 无目标；

❼ 不自信，自卑或自负；

❽ 急功近利，功利心太强；

❾ 意识和潜意识不一致；

❿ 心不静，不用心；

⓫ 注意力分散；

⓬ 完美主义导致的拖延；

⓭ 玻璃心；

⓮ 过于敏感；

⓯ 病毒性信念导致认知信念出现了偏差，比如认为自己没有学习的潜能；

⓰ 消极反馈和消极心理暗示，比如自己基础差，所以学不好，自己没有希望了；

⓱ 不会排除干扰；

⓲ 自我管理能力差；

⓳ 不会自我激励，不会激活自己的学习动力；

⓴ 没有发现适合自己的学习方法与学习策略等。

心理评估就是读懂孩子内心的过程，读懂孩子的人格特征、内在冰山、家庭系统、人际关系系统、情商、沟通模式、性格类型、学习风格、思维模式、能量状态、自我管理能力、表达能力、天赋、潜意识、心理意向、健康、遗传等。

当然，每个孩子厌学的具体原因是不同的，所以点醒孩子的方式也是个性化的量身打造，点醒厌学孩子的内心是一个系统的工程。

同样地，辅导逆反、早恋、网络成瘾的孩子也是一个系统工程。比如，辅导早恋的孩子时，要对早恋的孩子进行系统的情境评估和心理评估，这是非常严谨、精确的。

点醒内心的步骤——四步法

▼

为什么很多家长与孩子沟通，孩子不愿听？因为很多家长的沟通没有用心设计。高品质的沟通是一门艺术，需要精心地设计步骤。对于关键沟通要像对待戏剧一样布局谋篇，沟通是一门艺术，有发生、发展、高潮、结束过程。

拿踢足球做一个比喻，点醒孩子就是临门一脚，在此之前，家长需要布局、战略、战术，做好带球、配合、传中，最后才是临门一脚——一句话点醒孩子的内心。

下象棋包括布局、中局和残局，写文章包括起承转合，点醒孩子内心也有一个起承转合的过程。

点醒孩子内心的四步法

第一步：起。与孩子建立信任的关系，创设安全的氛围。

方法：

❖ 保持最佳父母状态：接纳、理解、尊重、信任、肯定孩子，给予他无条件的爱；

❖ 身心一致地和孩子沟通，平等地分享；

❖ 建立亲子账户；

❖ 精心地选择沟通的时间、空间，有些事情要在孩子心情好、愿意沟通的时候再沟通。

第二步：承。为点醒孩子的内心做好铺垫。

方法：

❖ 肯定孩子的内心；

❖ 探索孩子的内心，读懂孩子的内在“冰山”；

❖ 准确地理解孩子。

第三步：转。转化孩子的“冰山”——情绪、观点、能量等各层“冰山”。

方法：

❖ 冰山引导；

❖ 教练引导；

❖ 顺势引导。

第四步：合。点醒孩子内心，让他开悟。

方法：

❖ 说智慧的洞见、金句。

亲子账户

美国心理学家威拉德·哈利提出了“情感银行”概念。在每个人心里都有个情感账户。他将关系中的相互作用比喻为银行中的存款与取款。存款可以建立关系、修复关系，取款使人们的关系变得疏远。

存款——是指让对方开心，感觉被欣赏、被肯定，或是做了一些让对方高兴的事。比如，尊重孩子、陪伴孩子、送给孩子小礼物、欣赏孩子、为孩子服务等。

取款——则是做一些伤害对方的事情，比如，不尊重孩子、说话不算数等。

而批评、指责、嘲讽甚至谩骂等行为，会迅速消耗你的情感存款，甚至让你的情感账户透支。如果家长指责孩子1次（取款1次），需要存入20倍的存款，账户才能达到收支平衡。也就是说，取款∶存款=1∶20。

亲子账户中的存款越多，亲子关系越和谐，孩子越愿意听家长的话。家长要多存款，少取款。亲子账户中的存款是点醒孩子内心的基础。

点醒内心的法则——四让

▼

在点醒孩子内心的过程中，家长要做到“四让”。

让他“哭”：打动孩子的内心，感化孩子；

让他“笑”：幽默沟通，创造愉悦的沟通氛围，让孩子在快乐中成长；

让他点头：说出真相，让孩子的潜意识点头，理解你的观点；

让他开悟：说出洞见，直指人心，让孩子开悟，拥有智慧。

让孩子“哭”

一个六年级的女孩，在放学回家的途中遇到了坏人，被一个中年男人性侵了。孩子留下了心理阴影，从此不说话，也不上学了。

家长从外地来北京打工，由于工作忙，平时也没有时间接送孩子去学校。出事之后，家长带着孩子来找我做心理咨询。

孩子来到咨询室，低着头一言不发。（虽然孩子不说话，通过观察和经验判断，我要试着去理解孩子的内心感受。）

我对孩子说道：“我知道你感觉很不好。”（先从表层开始，读懂孩子的感受，共情孩子的感受，由表及里，给孩子一个缓冲，和孩子逐步建立信任关系。）

孩子点点头，没有表情。（通过观察孩子的反馈，就知道是否读懂了孩子的内心，然后根据反馈来调整沟通。）

我："你感觉有些害怕、无助。"（逐步深入读懂孩子的感受。）

孩子点头。（说明我对孩子内心的理解是对的。）

我："你很自责，恨自己，你认为自己是一个不完整的、有缺憾的人，自己不是一个好人。"（说到孩子内心的痛点，孩子对自己产生了负面评价。）

孩子的眼圈红了。（通过孩子的表情、身体状态，感觉自己把话说到孩子心里面去了。）

我告诉她："你没有错，是伤害你的那个坏人错了，他已经被警察抓住了，你很好，你是一个好孩子。"（肯定孩子的价值感，化解孩子的心结。）

孩子的眼泪流下来了。（通过孩子的反应，我清楚地知道我读懂了她的内心。她被触动了，感觉自己被理解了，也就信任我了。）

我把纸巾递到她的手里，继续说道："你是好孩子，你是可爱的、善良的，父母、老师、朋友都很爱你！"（我继续理解她的内心，肯定她的价值，增加她的能量。）

孩子哭了好久，终于抬起头看着我，身体也放松一些了。（孩子的情绪得到及时的释放，可以避免出现更严重的心理问题。）

我拿出一张A4纸，给她一盒彩笔，对她说："你可以随便画出你的心情。"（我读懂孩子不愿意说话，而且小孩子也很难对自己复杂的内心感受和想法有清晰的觉察，所以我让她用涂鸦的方式表达自己的心情。我说“随便画”是为了让她更放松。）

她选择了一支黑笔，在白纸中间画了一个大大的黑疙瘩，一直涂颜色，一直涂、一直涂。（她选择黑色，代表内心纠结、痛苦、压抑的状态。）

我对她说：“把你所有的愤怒和委屈都画出来吧。”（肯定、鼓励她的行动。）

最后，这张白纸被笔狠狠地划破了，白纸中间变成了一个大大的破碎的黑洞。（我读到她内心有深深的恨——对坏人的和对自己的。）

我说：“你想象一下这张纸就是那个伤害你的坏人，你告诉他：‘你是坏蛋，我恨你！’你跟我一起说。”（鼓励她继续彻底地释放负面情绪。）

孩子小声地说：“你是坏人，我恨你。”孩子的眼泪又流出来了。（我读到她的内心还有一些恐惧。）

我告诉她：“做得很好！大声地说：‘我没有错，我很好！’”（鼓励她，肯定她。）

孩子说：“我很好！”（她找到了一些自信。）

我鼓励她：“把你的愤怒、恐惧，所有的情绪都释放出去吧。”（情绪是一种能量，让能量释放出去，流动起来，孩子的内心就不会卡住。）

孩子拿起这张纸，一下一下把它撕得粉碎。（彻底释放负面的情绪，转化她内心的能量。）

我问她："你还恨自己吗？"（跟她核对后再调整沟通的进程。）

孩子摇摇头。（通过她的反馈，我知道了她内心的改变。）

我继续问她："你愿意接纳自己吗？"（进一步确认，小步走，再前进一步，让她自己做出选择，增加她的力量和自我价值感。）

孩子回答："愿意。"

我对孩子说："你跟我一起说3遍'我爱我自己，我很好'。"（继续提升、巩固孩子的自我价值。）

孩子说："我爱我自己，我很好……"（孩子的内心打开了，继续肯定自己，提升能量。）

我问她："过一段时间，你还愿意找我聊天吗？"（让孩子自己选择，尊重孩子的意愿，这样能增加孩子的自信，为下一次更进一步辅导孩子打下基础。）

孩子说："愿意。"（孩子感觉我理解她，对我们的交流感到满意。）

提示

通过括号中的分析可以知道，我说的每句话都是建立在读懂孩子内心的基础上准确表达。在和孩子沟通的时候，我甚至比她自己还理解她的内心。

一定要慎重说话，把话说到孩子的内心深处，必要的时候，通过引导让她哭出来，释放了负面情绪，才能打通内心。

让孩子笑

幽默是智慧的体现。很多家长很严肃，喜欢说教。其实，有时来点幽默，教育效果会更好。幽默是关系的润滑剂，能使沟通的氛围更融洽，孩子开心的时候，内心才能打开，才愿意听家长说话。

在一个充满幽默、快乐的家庭里，孩子会变得乐观、积极、主动、热情、开朗。

一个孩子问家长："有话直说好不好？"

家长说："我给你讲一个故事。有一个老板在办公室放了一只鹦鹉，老板说'恭喜发财'，鹦鹉只能说三个字'恭喜发'。一个员工听到后说了一句：'财没了。'

"不久，这个员工就被老板开除了。有话直说的人经常不被别人喜欢，因为有话直说的人都是'目中无人'。要觉察自己、对方和情境，然后有选择地说真话，这才是智慧。"

孩子继续问："什么是逆向思维呢？"

家长说："一个教徒在祈祷的时候，烟瘾犯了。他问神父祈祷的时候能不能抽烟。神父回答：'不能。'这时候，另一个教徒也想抽烟，他问神父：'抽烟的时候能不能祈祷？'神父说：'可以。'"

让孩子点头

一个妈妈带着孩子来找我咨询，妈妈说："他每天回到家就吐槽老师，他每天看老师都很别扭，这样下去会影响他的学习。"孩子听妈妈这么说，直接就转过了身，背对着我一言不发。

我跟家长说："第一，孩子吐槽老师很好，及时宣泄情绪，有益健康；你们也可以吐槽一下我，为了你们的健康。"

听我这么说，孩子转过了身看着我。

我说："第二，孩子跟妈妈吐槽老师，说明孩子信任妈妈。"

孩子放松地点了点头。

我说："第三，即使孩子看着老师别扭，他还能坚持去上学，说明孩子有上进心、有毅力，他能够克服自己的困难。"

孩子面带微笑，点着头说："是啊，是啊！"

我说："第四，家长要尊重孩子的想法，家长给孩子做一个尊重别人的好榜样，孩子就会尊重自己，也会尊重老师。"

孩子点头说："是的！家长要先尊重孩子，孩子才能尊重老师。"

和孩子沟通，一定要把话说到孩子的心里面去，让孩子的潜意识点头。

一位50多岁的女士，背着家人把家里的所有存款借给了一个朋友。这个朋友对她说将来创业成功了会10倍奉还。结果，十几年过去了，一分钱没还。家里面需要用钱了，她的老公才发现存款没了。

她非常愧疚、自责、害怕，感觉对不起老公和儿子，不知如何面对。为了解决问题，她想跳楼，但是考虑到楼下的邻居肯定不高兴，犹豫了一天，没跳。第二天，她到荒郊野外给自己的手臂割了一刀，用衣服盖住手臂，躺在草地上等死。一个行人发现她昏迷不醒，赶紧叫救护车来抢救。孩子吓坏了，怕妈妈再轻生，于是带着她来找我做心理咨询。

孩子打开iPad，给我看他妈妈受伤后的照片。我瞟了一眼，看见他妈妈手臂上的刀口像鲤鱼一样张着嘴。他妈妈说：“让我死了就好了，我对不起老公，对不起儿子，现在没钱了，儿子不能买房，也找不到对象了。我被骗了，太丢人了，同事都会嘲笑我，这都是我的错，我不想活了！”她边说边哭。

我点开了一张他们一家三口的全家福。妈妈说：“这是我老公，他对我非常好，即使这次我犯了大错，他也不怨我；儿子也很孝顺，也不怨我，我对不起他们，我不想活了！”她泪如雨下。

孩子对妈妈说道：“我和爸爸都不怨你，我们都爱你。你这样做让我们非常伤心，钱没了还可以再挣，生命才是最重要的！”

我又点开了一张照片。妈妈说：“这是孩子小时候的照片，多可爱！他小时候生病了，我没把他照顾好，所以他就瘦了。”她说了很多孩子小时候的故事，回忆了很多难忘的经历，一丝微笑也不知不觉浮现在她的脸上。

她说：“我要活下去，我要将功补过，我应该还能挣钱。”我问她：“如果有人让你自杀，你会去做吗？”她回答：“绝对不会了，我要好好活着！”

半年后，孩子给我留言：“谢谢马老师！经过这件事，我妈妈心灵成长了，她学会了乐观地看问题。”

分析

这个母亲一开始说“不想活”，我只是倾听她，去理解她的潜意识。我基本没说话，这个过程我用表情、肢体姿态表达对她的支持和理解，让她的潜意识“点头”，让她感觉到安全、支持与信任。

我通过三张照片转化她的内心。看第一张照片时，她宣泄了情绪；看第二张照片时，她连接到家庭对她的包容与爱；看第三张照片时，她连接了自己的内心，对孩子深深的爱、不舍与希望。最后是她自己说“我要活下去”，她自己点醒了自己的内心。

我倾听她潜意识的声音，她生命力的声音，她的“小我”是求死的，想要逃避痛苦，但是她的“真我”是求生的，她的生命力是渴望活着的。当我用平静的状态陪伴她的时候，她的内心静下来了，她也逐步连接到了生命力，她的生命力会让她做出最好的选择——求生。

当家长和孩子沟通的时候也是如此。家长要把话说到孩子的心里，孩子的潜意识会点头说“是”，孩子也更容易认可你的观点。

我信任每个孩子，每个孩子都是有智慧的，每个孩子最终都是自己点醒自己。

让他开悟

家长的抱怨于事无补，抱怨是无能的表现。

一个家长向我抱怨：“我的孩子不理解我。”

我问他：“你觉得应该怎样做，孩子才能理解你？”

家长想了想，说道：“我要学会身心一致的沟通，学会真实地表达自己的内心，孩子才会理解我。”

通过提问把家长的抱怨变成有创造力的方法，让家长开悟。

一个家长参加工作坊后分享感悟：

我的女儿上高一，不努力学习，成绩经常不及格。一天班主任告诉我，孩子早恋了。我很生气，我给孩子讲了很多早恋的危害。孩子答应我不再理那个男生。我当时挺高兴的。

过了一个月，班主任告诉我，女儿又和那个男生交往了，最近考试成绩很差。这次我愤怒了，为了避免他们联系，我把孩子的手机没收了，周六、周日把她关在家里，她就通过绝食来对抗我，我们的亲子关系到了冰点。

我发怒之后觉得对女儿有愧疚，但是一看她不努力的样子，我就控制不住自己的怒火。就在我焦头烂额、最艰难的阶段，好朋友带着我参加了马老师的亲子关系工作坊。

在课堂上，马老师问了我两个问题：

“你最尊敬的人是谁？闭上眼睛想象一下他的样子。”

我告诉他我最尊敬的人是我的爷爷……（因为，我小时候是被爷爷带大的，爷爷无条件地爱我。）

“请闭上眼睛继续想象，如果你的孩子就是你的爷爷，你的爷爷现在就是你孩子的年龄，你会怎么对待他？”

我：“我会无条件地爱他……”

回答完问题，我眼眶湿润了，内心涌起了一股爱的暖流。马老师的话很简单，但是却让我开悟了。

女儿以前那些让我纠结的问题都变得不重要了，成绩不好、不努力学习、玩手机、早恋等，这些原来让我失眠的问题一下子都随风而逝，我的心豁然开朗。

我不再强迫孩子、控制孩子，我开始学着无条件地爱孩子，尊重和理解孩子，我允许孩子做自己。我的内心平静下来了，因为我知道最重要的是什么了，我真正地接纳孩子了。接纳不是讨好，不是压抑情绪，而是看到自己愤怒背后对孩子无条件的爱，爱孩子才是我的意图，我要身心一致，直接把爱送给孩子。

奇怪的是，我的内心改变了，孩子很快就平静下来了，我们的亲子关系也变得特别好了。孩子什么都跟我说，也信任我了。

我对孩子说：“你可以早恋，妈妈支持你。”但是孩子告诉我：“我才不做那么无聊的事呢！学校里那些早恋的人太幼稚了，浪费时间。”

点醒内心的语言——说洞见

▼

洞察孩子内心的“卡点”

很多家长喜欢唠叨，喜欢说一些孩子都知道的没有营养的大道理，对孩子一点价值和帮助都没有，导致孩子烦躁不愿意听。有智慧的家长不说废话，而是说洞见。

有智慧的家长通过观察孩子的行为、倾听孩子的语言、探索和核对孩子的信息，准确地读懂孩子内心被“卡住的部分”。

有智慧的家长能够洞察内心，看到真相，所以有智慧的家长说洞见，往往看似普通的一句话、一个故事、一个暗示、一个提问、一个隐喻，却能点醒孩子的内心，打通孩子内心的“卡点”（卡住的部分），让孩子开悟。

什么是洞见

❶ 金句

好的文章、电影、演说中都有画龙点睛的金句。比如：

有些鸟儿是注定不会被关在牢笼里的，它们的每一片羽毛都闪耀

着自由的光辉。——电影《肖申克的救赎》

时光流逝，我对你的爱却与日俱增。——电影《卡萨布兰卡》

所有的学习问题，本质上都是心理问题。——马建国

❷ 对事情深层的洞察

洞见是对事情内在本质和规律的把握，需要透过现象看到本质，透过表面的因果，看到背后真正的因果，洞察事物背后的逻辑，透过表象看真相。

有些家长只关注孩子的缺点，实际上缺点的背后都蕴藏着优点的种子。洞见是“每一个缺点的背后都有一万个优点”。

以“什么是有智慧的家长”这个话题为例。“有智慧的家长做平面镜”就是一句洞见。为什么这么说？因为很多家长“说教孩子”上瘾。

有智慧的家长不做凸面镜，不做凹面镜，做平面镜，给孩子真实的反馈。

当你照镜子的时候，镜子不会对你说：“你真老，你真丑，赶紧去化点妆吧，别出来吓人了！”当孩子照镜子的时候，镜子也不会对孩子说：“别玩游戏了！你赶紧去写作业！”

镜子永远都是平静的状态，镜子不说教，只会反馈事实，不夸大、不缩小、不扭曲，没有说教、没有评判，让你看到真实的自己，你自己会选择改变自己。

一个中学生学习成绩不好，也不喜欢学习，经常不写作业。

妈妈：我的孩子什么都好，就是不喜欢学习。

我：什么原因呢？

妈妈：我找到原因了，他就是整天玩游戏上瘾，手机24小时不离手。

我：手机不做“背锅侠”，还有深层原因吗？

妈妈：他就是懒、拖延、磨叽、不认真。

我：这些都是表面的因果关系，表面的因果不是真正的因果。比如，在楼道里面，我一打响指，灯就亮了，灯亮了的根本原因是什么？有人说是因为我打响指，实际上灯亮了的根本原因是有电。

孩子成绩不好、厌学，大多数家长都认为是因为玩手机、玩游戏上瘾，这就是表面的因果逻辑。

游戏上瘾是因为孩子在现实的生活和学习中遇到了困难，这时候孩子最需要家长提供有效的帮助，但是大多数家长不愿换位思考去理解孩子，家长不仅不给孩子提供及时的、可行的帮助，反而批评、打击孩子。

孩子玩游戏可能是为了逃避学习的压力，逃避家长的唠叨和老师的批评带来的挫败感。因为在现实的学习和生活中，孩子没有被尊重，体验不到价值感和成就感，所以孩子未满足的心理需求只能在游戏的世界里面寻求补偿。

在我的引导下，这位妈妈发现孩子厌学是因为他内心的需求得不到满足。这就是深层的洞察。

举例说洞见：用一句话点醒孩子的内心

❶ 拒绝是为了等待

一个高中男生来找我咨询。

男生：我暗恋一个同班女生，因为我各方面都不优秀，被她拒绝了，我就是一个loser（失败者）！我感觉心灰意冷，对一切都失去了动力。

我：拒绝是为了等待，她在等待一个更优秀的人。

男生：我明白了，我要成为一个更优秀的人，这样她等待的就是我！

他从此加倍地学习，提高自己各方面的能力，最终他考上了名牌大学。后来，他给我留言："谢谢马老师，你的一句话让我走出了困境。"

❷ 学好英语不需要基础

一个高一的学生第一次周考，英语考了全班倒数第一，被英语老师叫到了办公室。

老师：你怎么回事？

学生：我基础不好，初中的单词还不会呢！

老师：学好英语不需要基础，你只需要把我每天写在黑板上的知识点掌握。

一周之后，第二次周考的时候，这个男生考了全班第一。

为什么呢？因为老师只考黑板上出现的知识点。男生一下子信心大增，开始发奋学英语，就这样产生了滚雪球效应。老师在讲新知识的同时，会不断地联系、复习旧知识。后来，他的英语成绩一直保持在前三名。

为什么英语老师的一句话就点醒了学生的内心？因为英语老师深刻地理解了他内心的痛点。以前，他总是在追赶老师的进度，复习旧知识的时候，把老师讲的新知识又落下了，所以就自暴自弃了，基础差成了他不学英语的最好借口。英语老师能洞察孩子的内心，把握学习的规律。

❸ 妈妈在旁边保护你，你是安全的

一个孩子晚上不敢一个人睡觉。

妈妈来咨询我："孩子都已经10岁了，最近不敢一个人睡觉，还哭，怎么办？"

我告诉她："晚上孩子睡觉的时候，你先给孩子一个拥抱，然后告诉孩子，妈妈在旁边保护你，你是安全的！"

两周后，妈妈告诉我，孩子现在睡得很好。

❹ 请说出父母爱你的5个证据

一个中学生经常和父母发生矛盾，他来找我沟通。

孩子：我敏感脆弱，我是一个不幸的人，父母都不爱我！

我：假如你今天晚上睡觉的时候做了一个梦，在梦中发生了奇迹，你发现自己是一个幸福的人，爸爸妈妈都很爱你，你是什么感觉？……请说出父母爱你的5个证据。

孩子：如果梦想成真，我会很开心、幸福。至于证据嘛，妈妈每天给我做饭，爸爸经常送我上学，妈妈给我买好看的衣服，爸爸送我生日礼物……

每个孩子都会有很多观点、想法、信念，一旦孩子对某人或某事有了自己的观点，他就会寻找很多证据来证明自己的观点是对的。比如，孩子认为自己是一个没有能力的人，他会找很多证据来证明自己是没有能力的，所以当遇到困难的时候，他就会逃避、退缩。如果孩子认为妈妈是爱他的，他就会在生活中发现“妈妈爱我”的很多证据。如果孩子认为妈妈是不爱他的，他就会发现很多“妈妈不爱我”的证据。我会通过奇迹问题转化孩子的信念，重构孩子的内心，重构故事，重构人生。

❺ 你愿意原谅你心爱的弟弟吗

有一个初一的女孩，她有一个3岁的小弟弟，小弟弟很淘气，把她最心爱的飞机模型给拆坏了。她放学回到家发现之后大发雷霆，又哭又闹。

妈妈赶紧跟她沟通，给她讲了很多道理：“弟弟小，他不懂事，你大一些，你懂事，你要让着弟弟。”

女孩：不行！

妈妈：我给你买一个新的模型吧。

女孩：不行！必须赔给我一个一模一样的才行！

妈妈：我去给你买个一样的新模型。

结果女孩拿到一模一样的新模型后，说这个模型不是她原来的那个，她坚决不要。每天又哭又闹，这件事情持续了3个月都解决不了。

最终，妈妈带着她来找我。

我问她一个问题："你喜欢你的弟弟吗？"她点点头。我又问她："你愿意原谅你心爱的弟弟吗？"她点点头。

后来，她和妈妈一起回家了，从此她再也不跟妈妈提及买模型的事。

同样的一句话对这个孩子有奇效，但是换了另外一个孩子就不一定有效了。因为每个孩子的内心都是不同的，所以点醒孩子的内心要量身打造，一个孩子一把钥匙。

点醒内心的状态——状态重于技巧

▼

沟通技巧不是关键，最重要的是你的状态。你是不是用心，孩子是知道的。世界上只要还有一个人无条件地爱一个孩子，孩子就不会轻生，因为他还有希望。

最佳父母状态胜过一切教育技巧，家长要保持最佳父母状态：平静喜悦、无条件的爱、接纳、理解、尊重、信任。

家长点醒孩子内心的状态：觉察、中正、“无知”、多角度。

觉察：对自己、对孩子、对情境深层地觉察。

中正：身心合一，充分感受，活在当下。

“无知”：没有评判，没有先入为主的成见，保持好奇，倾听孩子的内心，耐心地等待孩子自我觉察。

多角度：启发孩子跳出自我思维的局限，一件事发生了，可以从不同的角度去看，可以发现更多、更有创造力的方法和策略。比如，角度有很多，自己的、对方的、旁观者的……

点醒内心就是转化——化问题为成长

▼

作为心理咨询师，每天只有两种人来见我，一种是最痛苦的人，一种是最优秀的人，处于中间状态的普通人不会来见我。

最痛苦的人见我是为了解决问题，最优秀的人见我是为了开发潜能，走向卓越。最痛苦的人往往也是潜能最大、最有天赋的人，他们不甘平庸。

2010年10月的某一天，我打开手机，看到QQ上的一条留言，我心里一惊，一个高三的男孩给我留言："我决定了，我要杀了她！"

这个男孩在初三的时候，因为失恋了要自杀，他找我做过几次心理辅导，和我建立了信任关系，所以有我的QQ号，但是他已经有3年没联系我了。我赶紧跟他沟通，问他发生了什么事。

孩子：我爸爸骂我笨，成绩差，给他丢脸。我对他说："活着都没有意思，学习有什么用？"他说："你不努力学习，就去死吧。"

我：听爸爸这样说，你感觉很难过吧。

孩子：我真希望他出门被车撞死！在我小的时候，他就经常问我："如果我和你妈妈离婚了，你跟谁？"

我：这个问题让你很难回答吧。

孩子：哎，我妈妈也不理解我，跟她交流完，我感觉绝望了。我现在无心学习，成绩一落千丈。

我：你希望妈妈支持你。

孩子：是啊，父母每天都烦我。我进入高三之后，学习压力太大了，我要崩溃了，我很自卑，感觉所有的事情都很失败。

我：高三确实是一个挑战。

孩子：如果考不上大学，我就杀了那个女生！

我：哪个女生？

孩子：就是我追求很久的那个女生，她一直都不理我，我又失恋了。

我：每个人都会失恋。

孩子：最让我愤怒的是她和其他的男生交往，我要报复她，我开始研究杀人的方法了。

我：伤害别人对你没有好处，通过努力考上大学，你的人生会越来越好！

孩子：可是我现在的成绩已经全班倒数第三了。

我：只要你调整好心态，使用高效的学习方法，就会后来居上。周末我们当面做心理训练吧。

孩子：我爸爸认为心理咨询都是忽悠人、浪费钱，他不同意我来找你咨询。

我：那我们就继续在网上沟通吧。

孩子：父母不爱我，老师不爱我，我喜欢的女生也不爱我，没有人爱我，我活着还有什么意义呢？我杀了她，然后再自杀。

（在高三的一年之内，他有十几次特别激动，给我留言："我要杀人！"我也做好了最坏的打算，为了保护他和那个女生，如果咨询不成功，我就报警。）

我：你真正的渴望是爱，你愿意爱自己吗？不是向外求。

孩子：可是我不会爱自己啊。

我：先从最简单的练习开始，你告诉自己："我无条件地接纳自己，我百分百接纳自己。"

孩子：好的，我现在就开始对着镜子练习。老师，你是这个世界上唯一接纳我的人了，我没有知心的朋友。

我：只要你不放弃，我永远支持你。

孩子：有没有一种手术能切除大脑掌管记忆的部分？这样就不痛

苦了。

我：等你考上大学，将来可以好好研究大脑心理学。

每当他痛苦不堪、情绪失控的时候，他就给我留言。在网上，我跟他沟通了几十次，转化他的情绪，引导他心平气和地面对父母、面对失恋、面对高考。

在帮这个男生做辅导时，我多次陷入两难，多次想放弃。如果我继续帮他，他的父母不理解，也不支持。

我跟他妈妈说："孩子缺爱。"妈妈说："我们很爱他啊！"我说："要用孩子接收得到的方式爱孩子才行！"

他爸爸给我留言："如果孩子将来出现问题，就是你的责任！"

我非常了解孩子的冲动型人格，万一高考不成功，他很可能自杀或杀人。如果我不帮他，他的心理状态很难考上大学，他杀人的危险系数更高。那个无辜的女生怎么办？

正当我想放弃的时候，无意间看了一部电影，里面有一句话点醒了我："如果你救了一个生命，你就救了整个世界。"

高考前三天，我让他来当面做心理训练，我全力以赴训练他进入最佳考试状态。训练结束后，我打开咨询室的门，门外竟然站着两个警察。

原来，在学校他说了过激的话"我要杀了那个女生"，那个女生的家长知道后就报警了，警察在暗中监控他的行为。

三天后的高考，他超常发挥，直到他告诉我高考的分数，我才彻底松了一口气，最终他考上了理想的大学。

大一的时候，他给我留言："现在，我每天学习的时间都不够用，期末考试我的成绩全班第一，非常感恩您的帮助。"

大二的时候，他问我："我要做一个好人，现在开始晚不晚？"

我说："你的本质一直都很好，做好人永远都不晚。"

提示

❶ 为什么有些青少年会出现"过激"行为？诸多不利因素同时累积在一个孩子身上，这个孩子就非常危险。

比如，案例中的男孩，诸多不利因素同时出现在他的身上。他多次追求女生都失败了；没有好朋友可以倾诉；学习成绩落后，老师也忽视他，没有存在感；感受不到父母的爱；有一颗"玻璃心"，低自我价值感，性格自卑。

孩子在这种状态之下，压垮他的最后一根稻草也许是生活中一件很小的事情。比如，当时他妈妈的一句话就让他感到绝望，差一点就压垮他伤痕累累的内心，刺激他做出伤害行为。

❷ 危机时刻最怕的是孩子身边没人，没有能准确地理解他内心的人。如果有这样的一个人，就能化危机为成长。

❸ 能不能点醒孩子，最重要的不在于你说的话，而在于你的心、你的状态、你的倾听，你是不是读懂了孩子的内心，你是不

是敬畏孩子，无条件爱孩子。

一次，我在讲心理课的时候，发现一个学生趴在桌子上打瞌睡，被我提醒后，他说："对不起，我困了！"我说："谢谢你！你用行动提醒了我，今天我的讲课方式有些沉闷，需要增加一些互动。"他的表情马上就放松了，立刻坐直了，开始专注听课。因为老师并没有批评他，他感觉老师真正地接纳他、理解他。这就是转化，化问题为成长。家长成长，孩子也成长。

孩子会犯错，甚至会指责老师、指责家长，这是很正常的。家长要学会转化，把孩子身上消极的、攻击性的、破坏性的能量转化为积极正向的成长能量。

点醒就是转化，当家长学会转化的时候，孩子身上出现的所有问题都是成长的台阶。

点醒内心的技巧——转化技巧

▼

正面解读：把不好变成好

上大学的时候，我向老师请教："我做得很不好，我现在一周只有1天背单词，不能坚持每天背单词。"

老师说："你这是一个很好的开始，我上大学的时候，一开始也是一周只有1天背单词，过一段时间就变成了2天，再过一段时间就变成了3天，都是这样积少成多的。"

后来，不知不觉中，我背单词的天数越来越多。

我跟老师说自己做得很不好，他却解读为"这是一个很好的开始"。我的感觉一下子就翻转了，在我面前出现了一个新的可能性，所以我后来能够坚持每天背单词。

一个小学生很沮丧地跟我描述自己每天的生活：作业不写，被老师批；玩手机，被家长批。总之，每天总是挨骂。

我：你天天挨骂，说明你的心理承受力很强，内心很强大。

他：是真的吗？

我：当然是真的！

他开心地笑了。

我第一次上台讲课的时候特别紧张，所以那次课讲得很失败。张老师对我说："你没有失败，你只是需要学会放松。"

一个来访者说："我抑郁了，怎么办？"

我对他说："抑郁能够给你一段时间，让你自我反省，深层地休息，重新充电。"

发现例外

凡事皆有例外。一天，我去一个朋友的家里做客，在院子里我发现一盆玉兰，树上的玉兰花是白色的，很小、很香。这就是一个例外，因为在北京看到的玉兰花一般都很大。

一个家长向我抱怨他的孩子每天玩手机。

我：她有没有哪天不玩手机？

家长：有。

我：当时发生了什么？

家长：我带着孩子和她的好朋友一起去打球了。

我：那你可以经常带着孩子和她的好朋友去打球，这样孩子就不玩手机了。

心理暗示

有些家长经常这样跟孩子说：“妈妈相信你一定可以每天跑步20分钟，这样你的中考体育就会及格了。”孩子说：“我才不想跑呢。”

家长直接向孩子提要求没有用时，可以用心理暗示的方法。

家长：宝贝，如果你每天跑步20分钟，两周之后我们如何庆祝呢？

孩子：到时候你要给我买一个蛋糕，好好庆祝一下我的进步！

一念之转

一念之转可以把问题变成资源。相同的事实可以有不同的解释。

两个销售员去一个岛上卖鞋，第一个人很灰心，因为这个岛上的人不穿鞋，他发现这个地方没有市场。第二个人却感到非常开心，他发现这个岛上的市场很大，因为这个岛上的人还不知道自己可以穿鞋。

孩子高考失利，只能再复读一年。孩子的妈妈感到很焦虑，担心孩子明年再发挥失利。爸爸却开心地说：“家长陪伴孩子的时间是有限的，孩子上了大学之后，就没有机会陪伴孩子成长了，现在我们可以再多陪伴孩子一年。”

孩子厌学了。有的教育专家说，孩子的问题都是家长的问题。实际上，孩子的问题是家长成长的机遇。

礼物包装

良药苦口，但是孩子不愿意吃，怎么办呢？在良药外面包装一层糖衣，孩子就喜欢吃了。

每个孩子都不喜欢听大道理，如果把你的洞见精美地“包装”起来，当作礼物送给孩子，孩子就会欣然接受，这就是点醒式沟通的艺术。每个孩子都喜欢撕开礼物包装的过程，一层又一层，每一层都有惊喜。

家长有一个建议，想让孩子听，孩子不愿意听，怎么办呢?

下面介绍一种困惑技术，反其道而行。

直接给建议，对方不听，先创造一个困惑，然后再给建议，对方就很容易接受了。

比如，一个中学生说：“马老师，一快要考试，我就非常紧张，我紧张的时候手都会抖，我害怕自己失控。”

一般人听了会说：“你放松就好了。”（这就是直接建议，往往是无效的。）

而我是这样回应孩子的：“现在，我感受到你非常紧张，我跟你一样，也非常紧张。现在，你可以更紧张一些，让你的手抖动的幅度更大一些。”（这样做超出了来访者的想象，他来的目的是不想紧张，我就反其道而行，来访者就会困惑。）

30秒之后，我告诉他可以放松了。（直接建议。）

他一下子就放松了。（来访者自然而然地就接受了建议，因为物极必反。）实际上，紧张和放松都是一种体验。

此外，礼物包装的方法有很多种，比如，催眠、给任务、玩游戏、隐喻、讲故事、给挑战等。

洞见和体验是家长送给孩子的好礼物。点醒孩子的内心是唤醒孩子内心的独特体验，唤醒孩子的内在智慧，唤醒孩子潜在的资源。

点醒孩子的内心需要创造力，需要量身定制，这是一门艺术。

每个家长都需要发现适合自己的点醒孩子的方法。

以专业的精神传播爱

我是因为孩子辍学一年后，被迫来参加马老师的工作坊，在这里我获得了教育智慧，化痛苦为动力。当我跟随马老师持续学习一年后，孩子奇迹般地主动要求上学。现在的自己和平喜悦，孩子优秀。

——某企业老板

正当面对职场危机的时候，我有缘跟马老师学习，我不仅学会了识人、识心，用心做事，还学会了读懂孩子的内心，引导孩子走向卓越。我不仅化解了职场困境，还升职做了单位领导，能够用心服务更多人。

——某机关领导

过去我经常和家人发生冲突，指责孩子，过后又自责，导致孩子出现了抑郁症。为了解决痛苦，我参加了马老师的工作坊。马老师的方法简单易实践，我学会了引导孩子，现在孩子考上了名牌大学，我的家庭和谐幸福。

——某名校校长

我跟随马老师学习了3年，不仅自己的内心获得了力量，而且也学会了沟通的智慧，点醒了孩子的内心。出人意料的是，自己几十年的鼻炎、腰椎病也完全康复，非常感恩！

——某985大学教授